Inhaltsverzeichnis

Download der Hörbeispiele

Rufen Sie die Seite **www.artist-ahead-download.de** in ihrem Browser auf. Klicken Sie auf den entsprechenden Downloadbutton ***„Meine ersten Fingerübungen“*** und geben Sie dort die folgenden Zugangsdaten ein.

Benutzer: Kraft
Passwort: Ausdauer

Hier haben Sie jetzt verschiedene Optionen sich die **Hörbeispiele** herunterzuladen, zu speichern oder auf CD zu brennen. Mit Hilfe der entsprechenden **QR-Codes** gelangen Sie einfach und unkompliziert direkt zu den jeweiligen Hörbeispielen. Geben Sie auch hier zunächst **Benutzer** und **Passwort** ein. Eine **Audio-CD** mit allen Titeln zu diesem Buch gibt es ausschließlich und nur in unserem Onlineshop auf **www.artist-ahead.de**

Vorwort

Meine ersten Fingerübungen wurde sorgfältig an das Konzept von „Meine erste Klavierschule“ sowie der Fortsetzung „Meine zweite Klavierschule“ angepasst und stellt eine praktische Hilfe, aber auch sinnvolle Ergänzung dar. Die 45 enthaltenen Fingerübungen sind für das erste und zweite Unterrichtsjahr geeignet.
Die Übungen sollten zunächst mit jeder Hand einzeln geübt werden. Erst wenn jede Hand sicher ist, wird mit beiden Händen gespielt. Ziel ist es, die Tempoangaben die sich über den Übungen befinden, nach und nach zu erreichen. Alle Übungen, bis auf die mit einem Staccato-Zeichen versehenen Noten, sollten zudem gebunden gespielt werden.
Da die Zeit für das Üben durch Schule oder Arbeit oftmals knapp bemessen ist, eignet sich das Konzept von „Meine ersten Fingerübungen“ hervorragend, um mit relativ kleinem Übeaufwand möglichst große Fortschritte zu erzielen. Dies führt rasch zu hör- und greifbaren Erfolgserlebnissen am Instrument.

1. Viertel und Halbe in Terzen

♩= 92 - 120

Diese Übung beginnt für die linke Hand mit dem kleinen **c** im Bassschlüssel.
Die rechte Hand mit dem **c'** im Violinschlüssel. Übe zunächst jede Hand alleine und dann beidhändig.

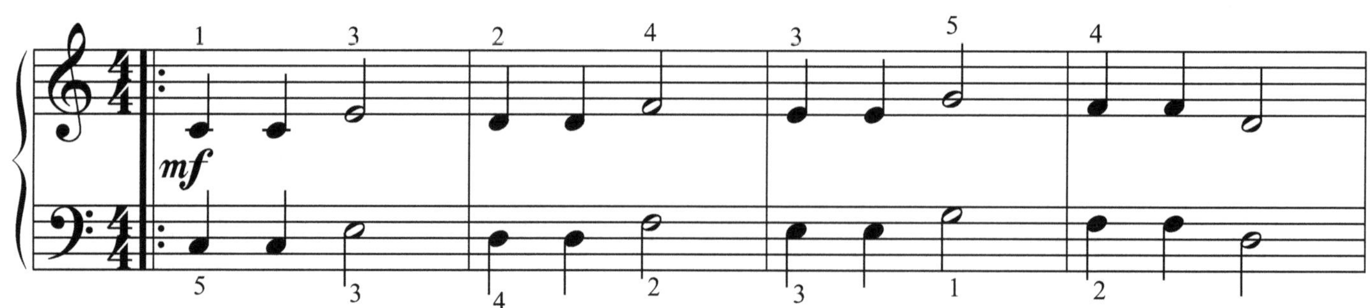

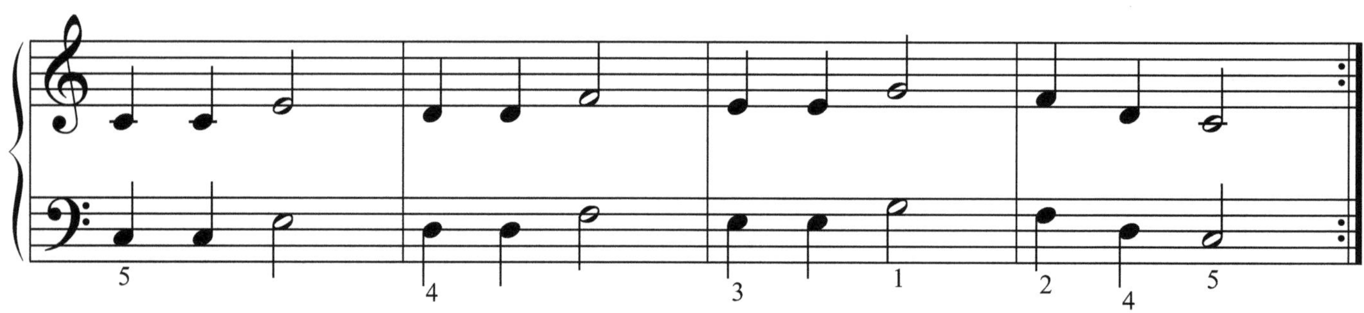

2. Viertelnoten

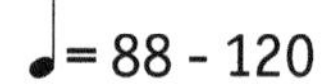

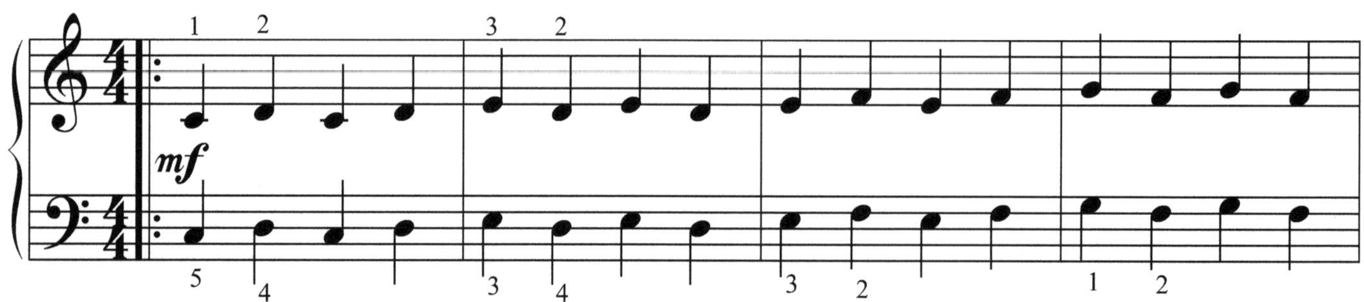

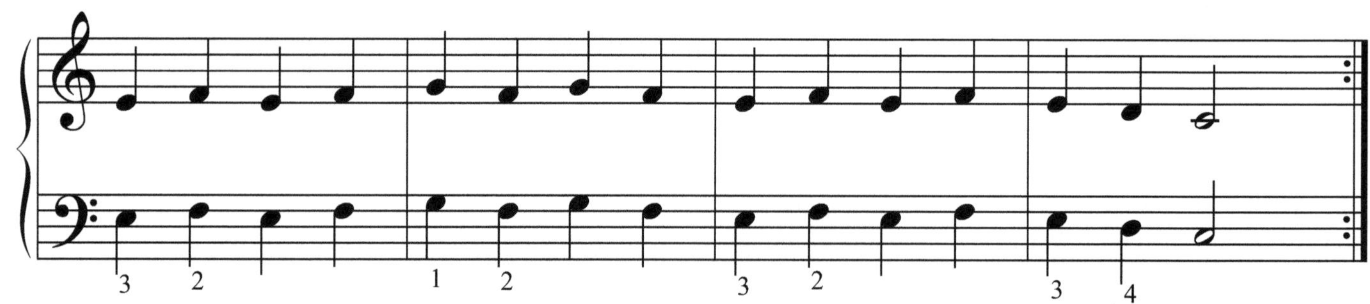

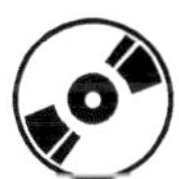

3. Leichte Übung mit Viertelnoten

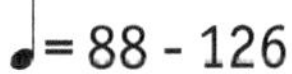

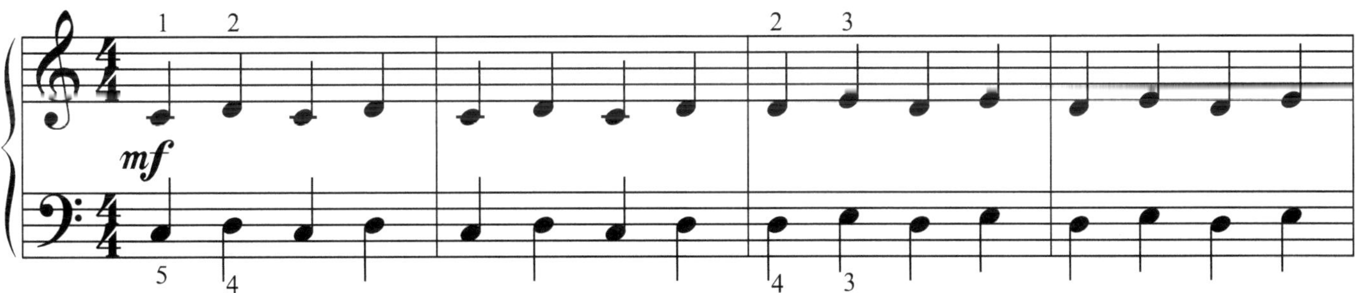

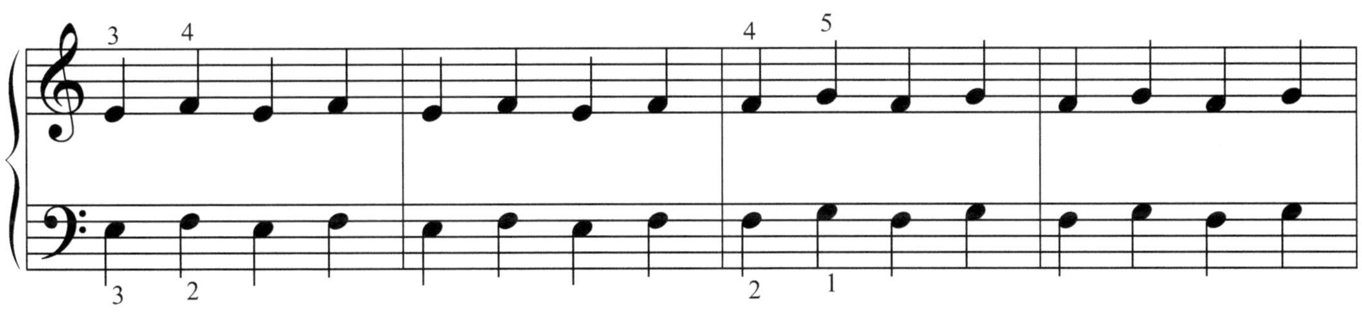

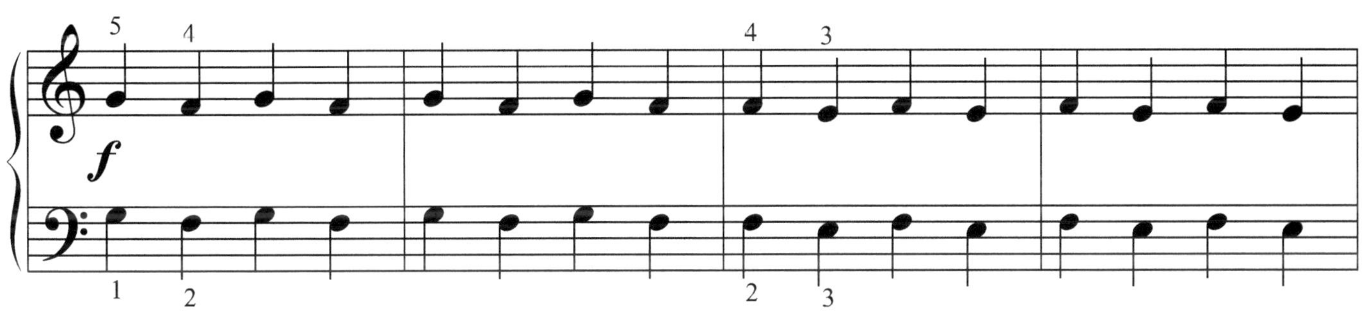

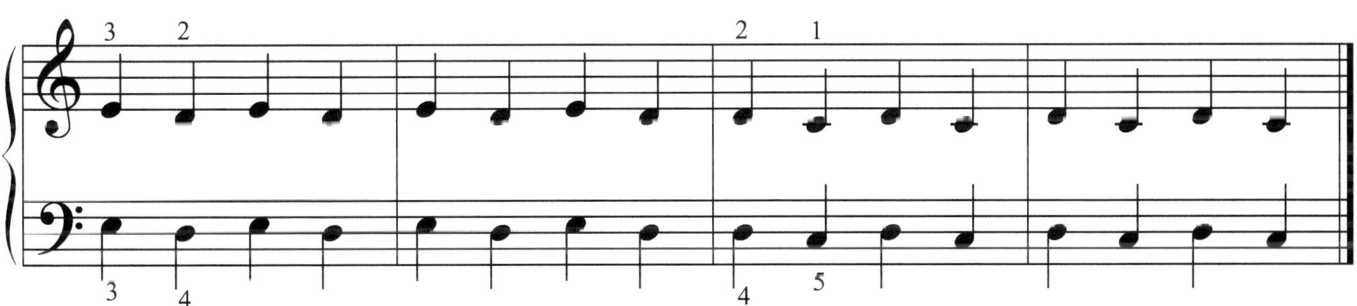

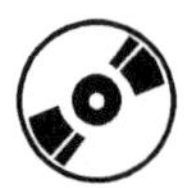

4. Viertelnoten-Variationen

♩= 84 - 120

Achte auf das gleichmäßige Spielen der Viertelnoten.

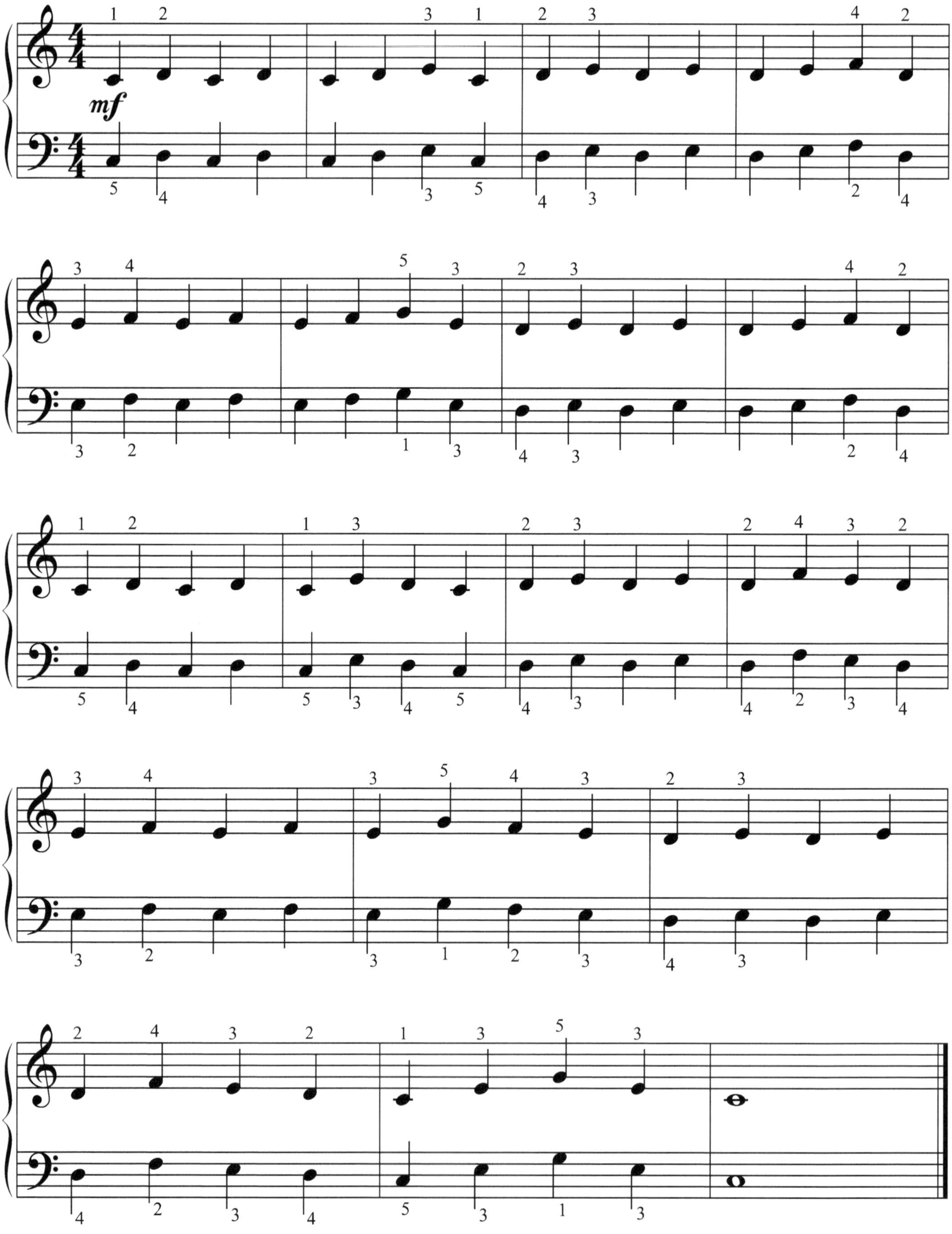

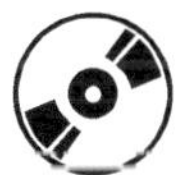

5. Viertelnoten im 3/4-Takt

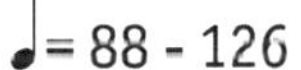

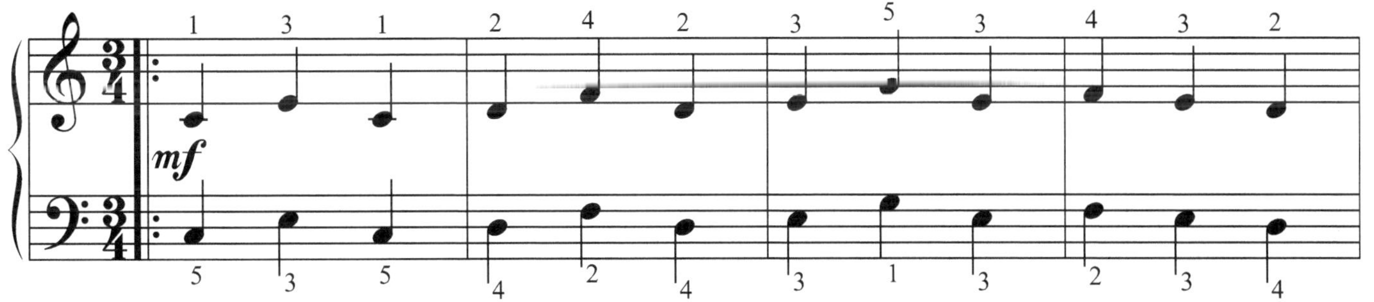

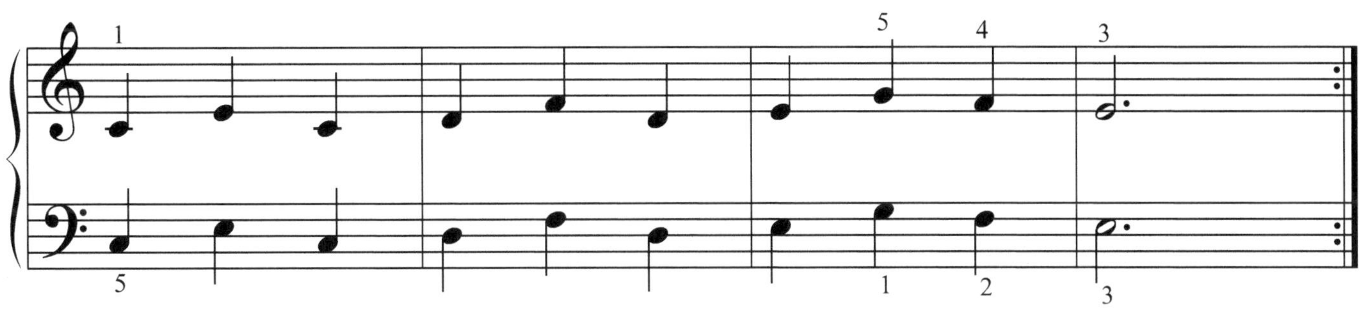

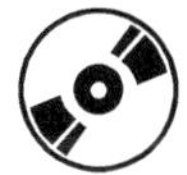

6. Viertelnoten in Terzen

♩= 92 - 132

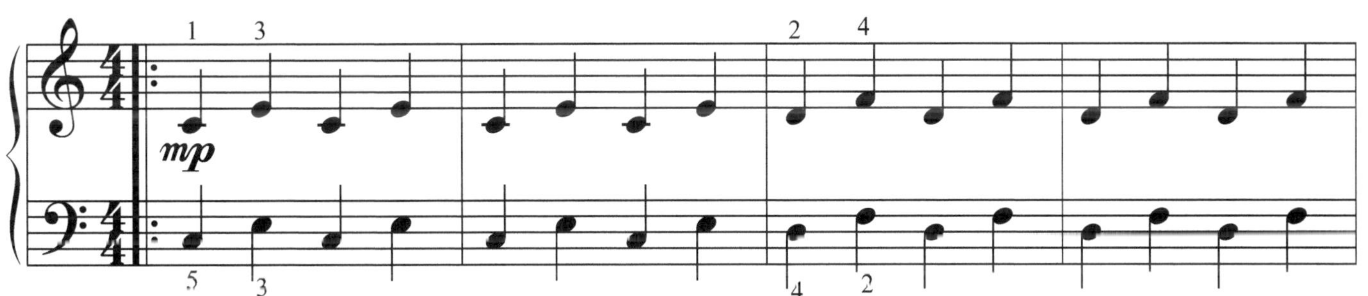

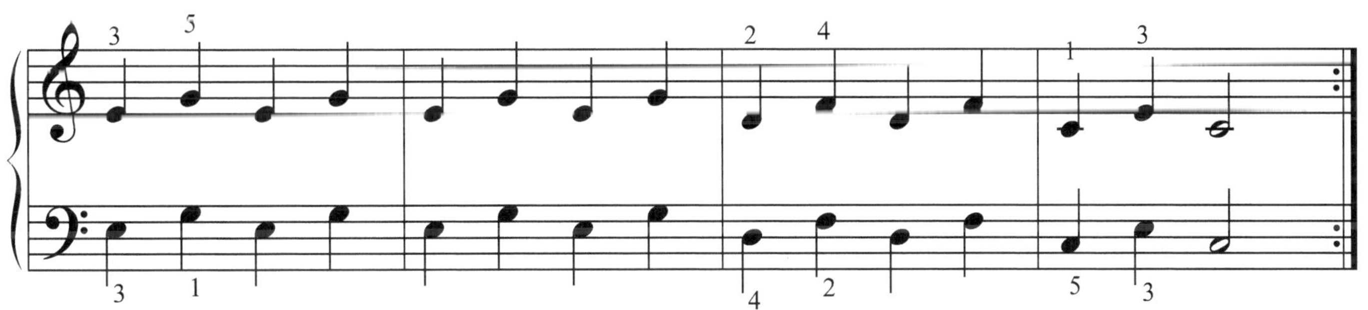

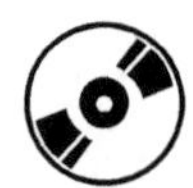

7. Gegenläufige Terzen

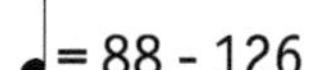

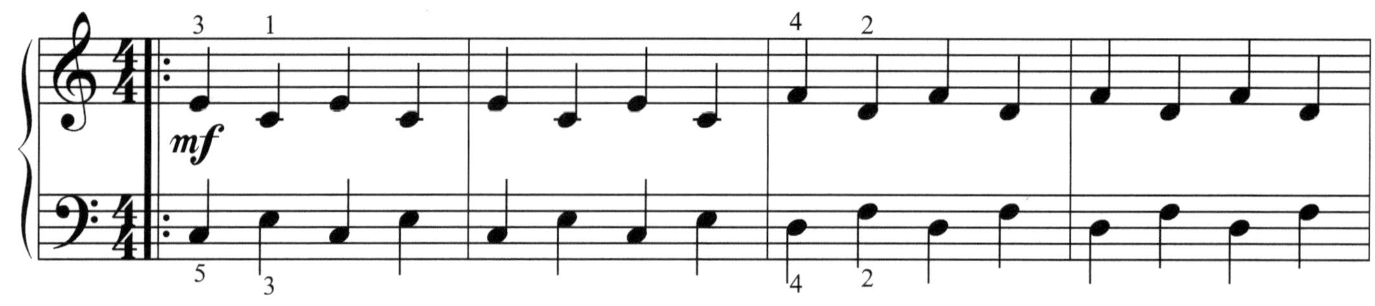

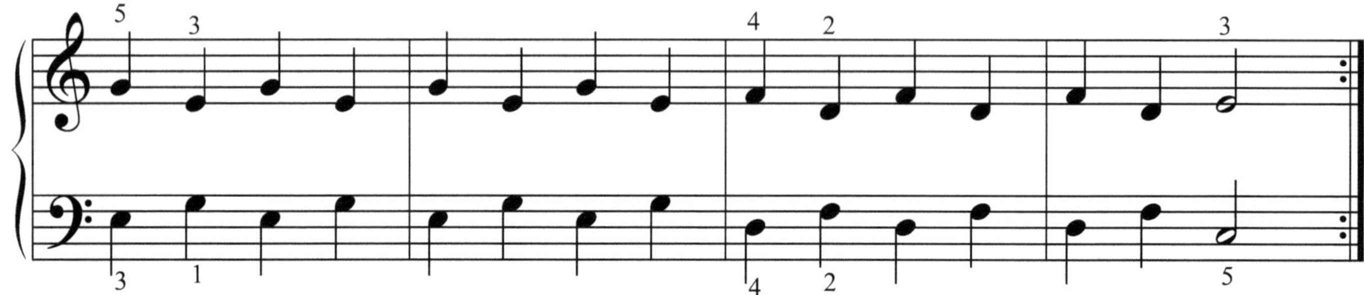

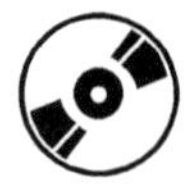

8. Achtelnoten in Terzen

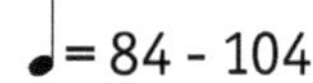

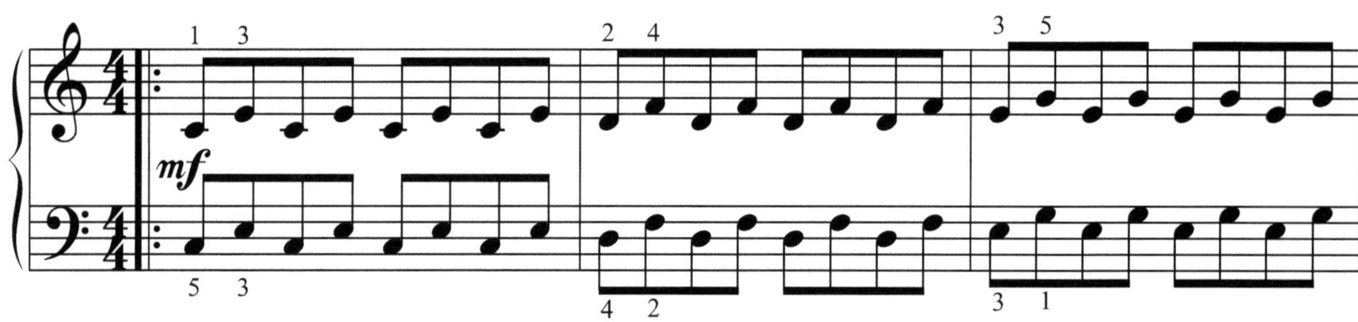

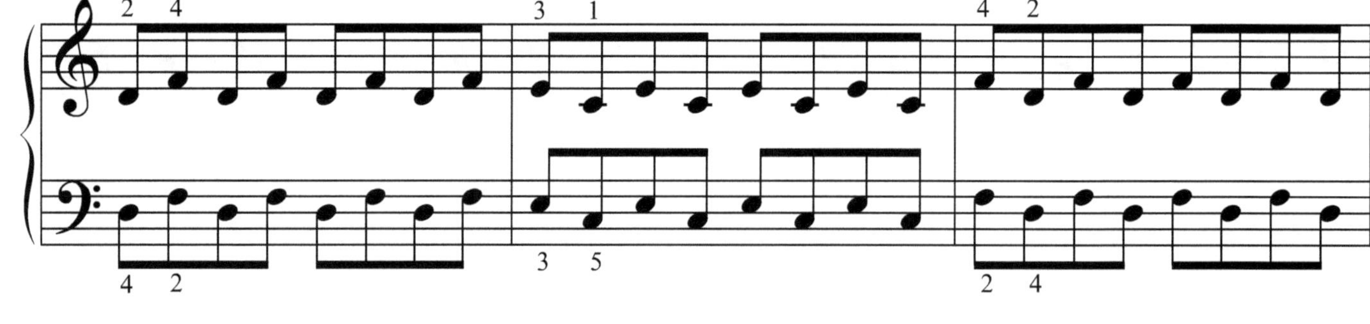

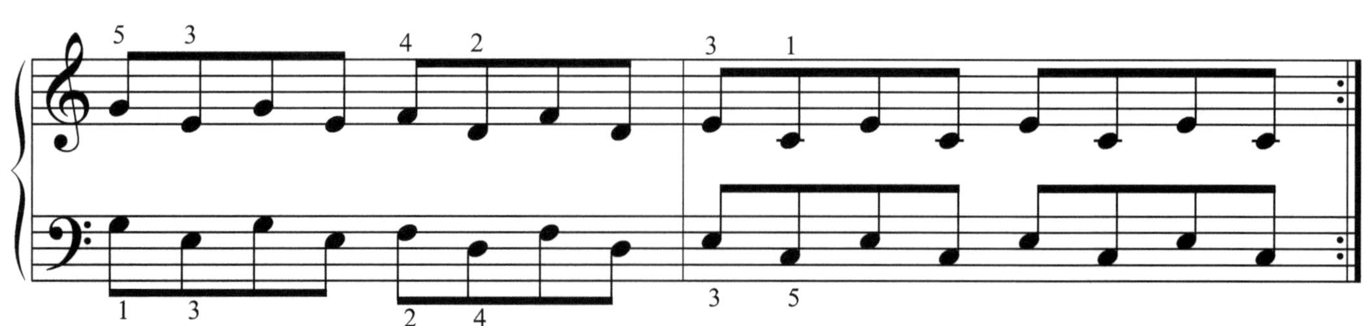

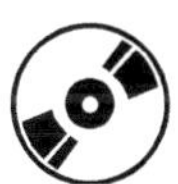

9. Achtelnoten im 6/8-Takt

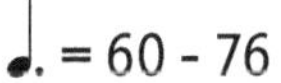

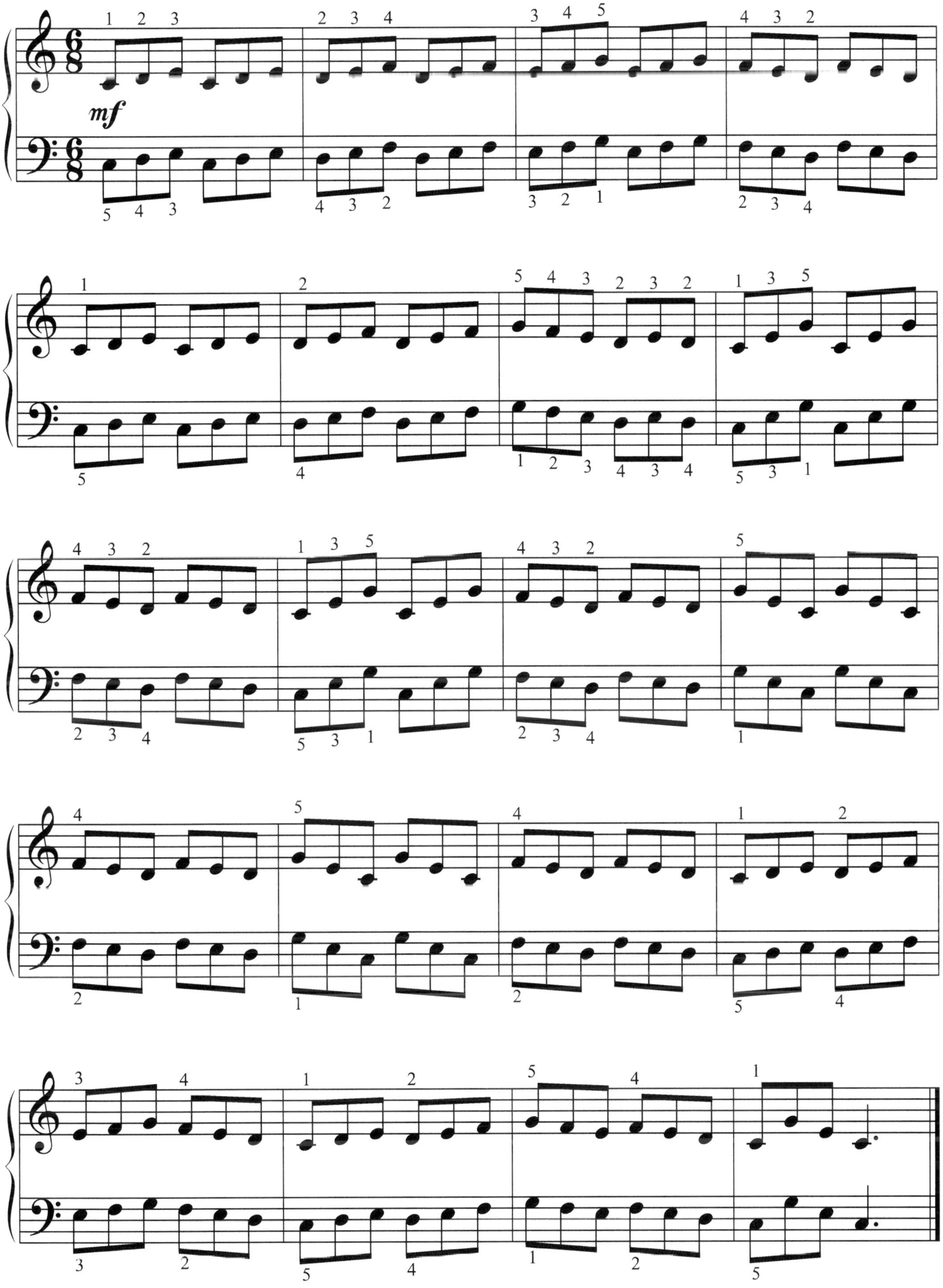

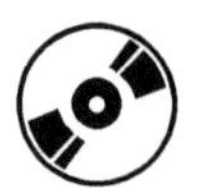

10. Staccato für die rechte Hand

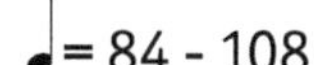

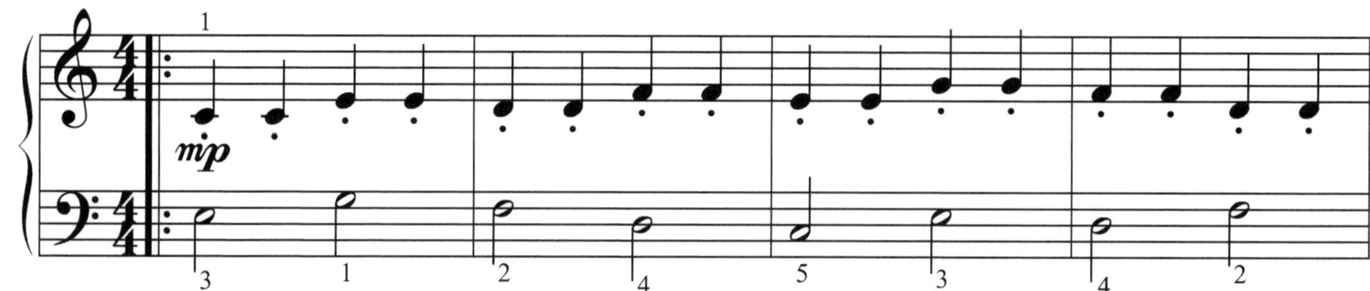

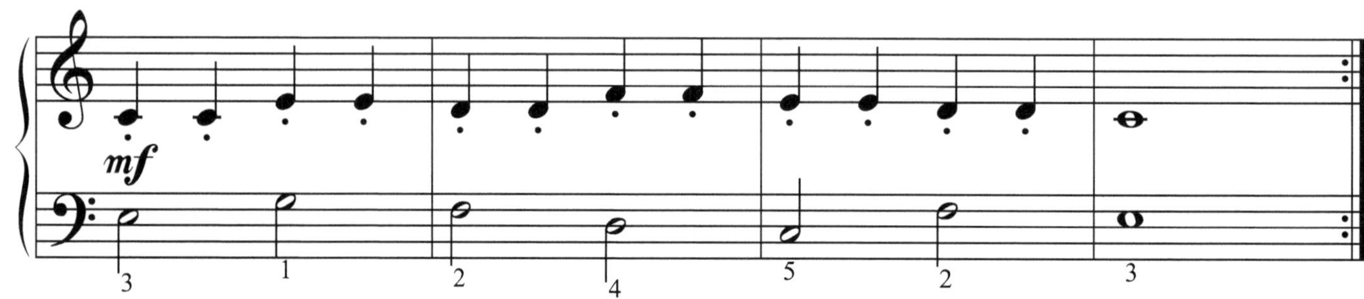

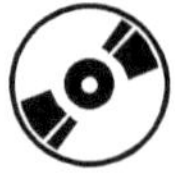

11. Staccato für beide Hände

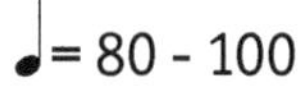

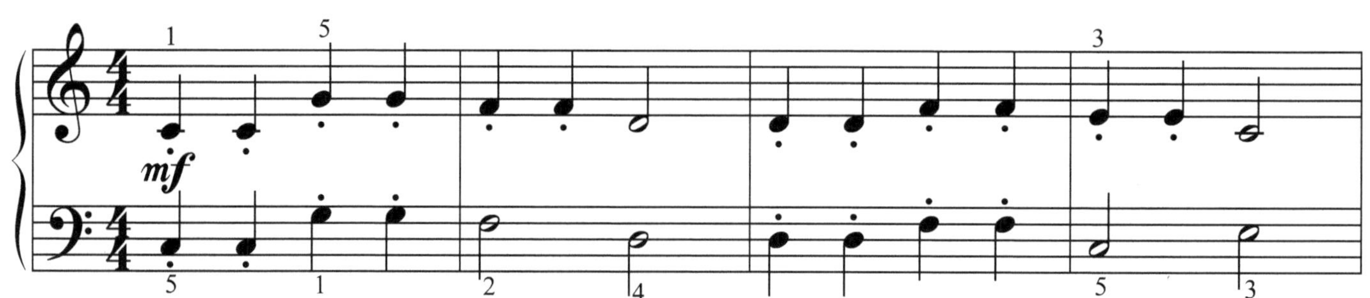

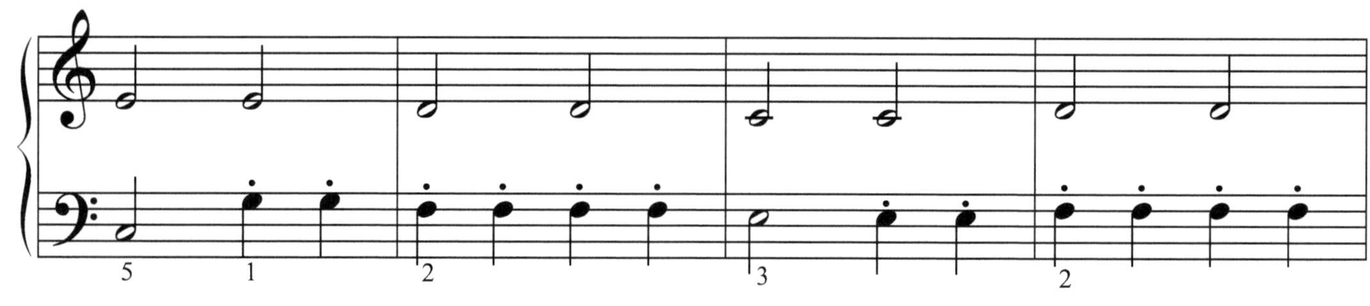

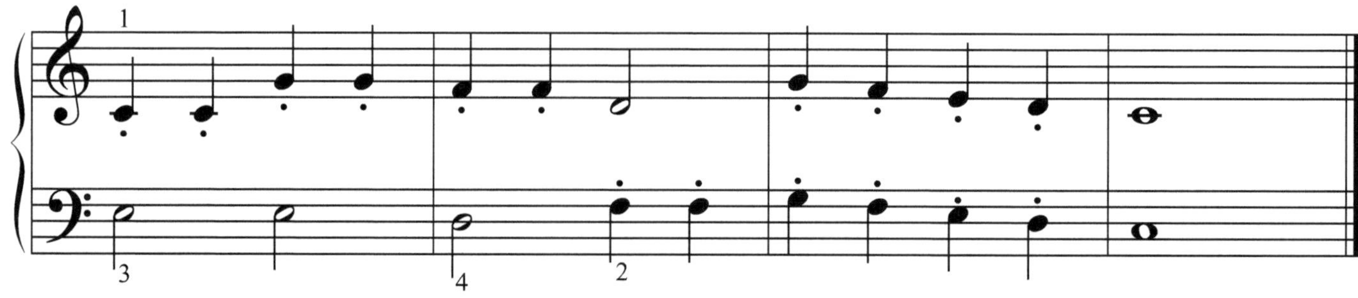

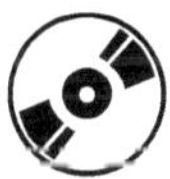

12. Achtelnoten – Viertelnoten

♩= 88 - 116

Nach Takt 1 verlassen wir die C-Dur-Grundposition und verschieben die Hände in den folgenden Takten jeweils um einen Ton nach oben bis wir wieder die C-Dur-Grundposition (eine Oktave höher) erreichen. Abwärts werden die Hände dann jeweils um einen Ton nach links verschoben, bis die C-Dur-Grundposition wieder erreicht ist.

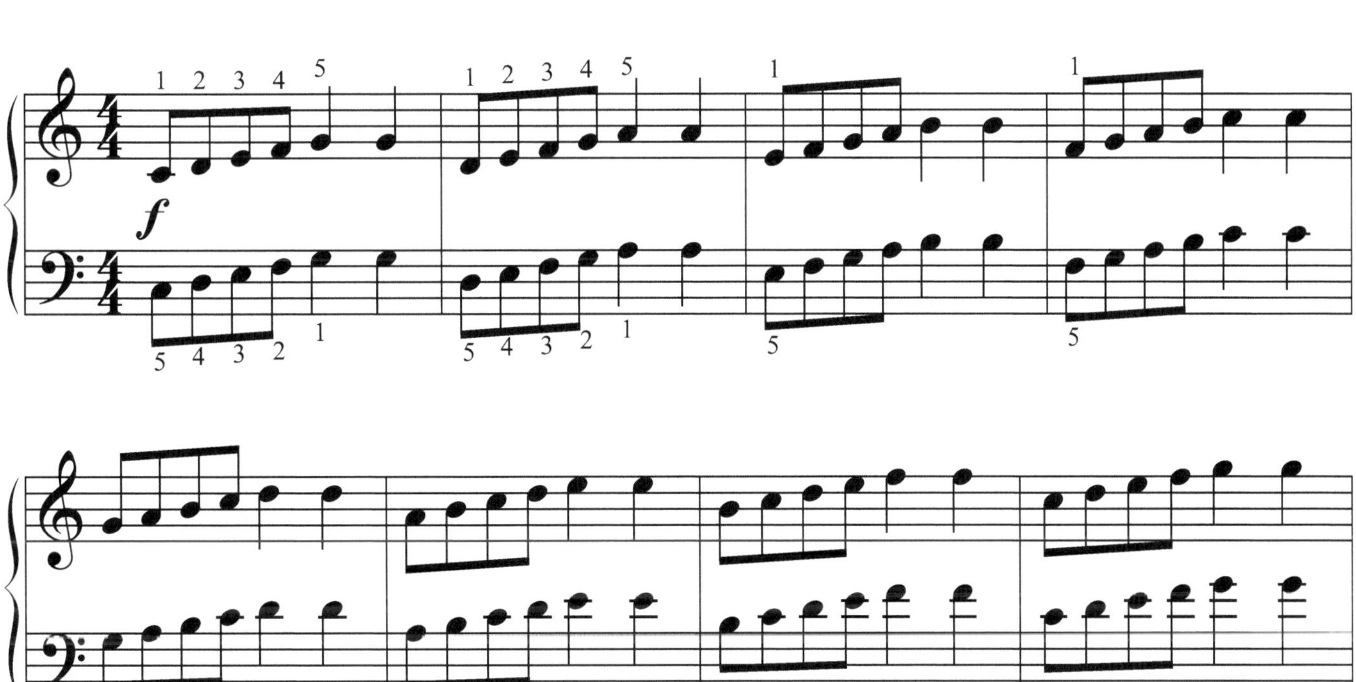

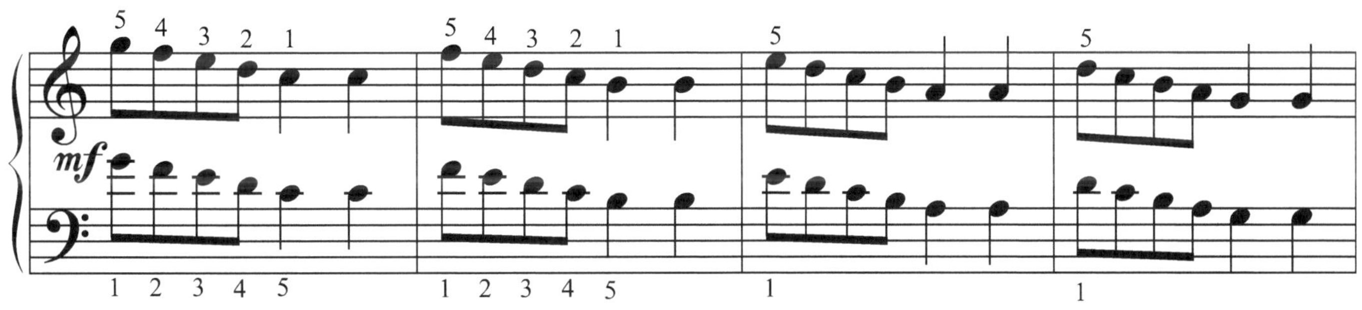

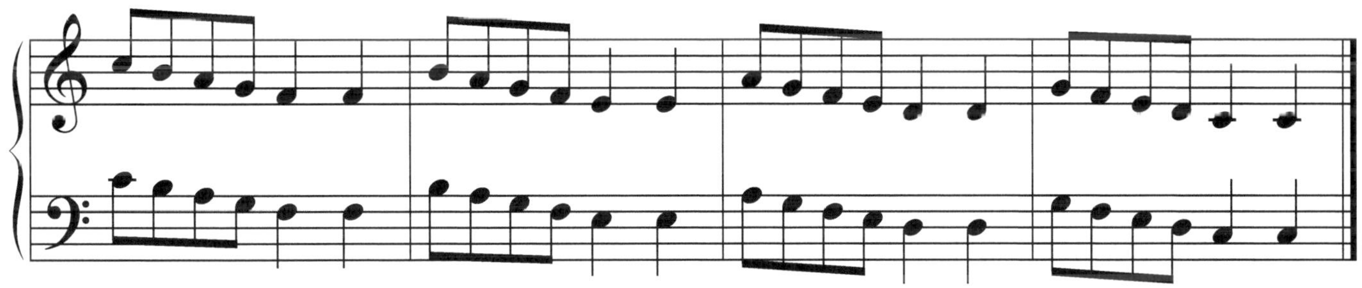

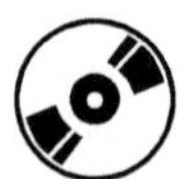

13. Verschieben der C-Dur-Grundposition mit Achtelnoten

Auch in dieser Achtelübung wird die C-Dur-Grundposition nach oben und unten verschoben.

♩= 84 - 112

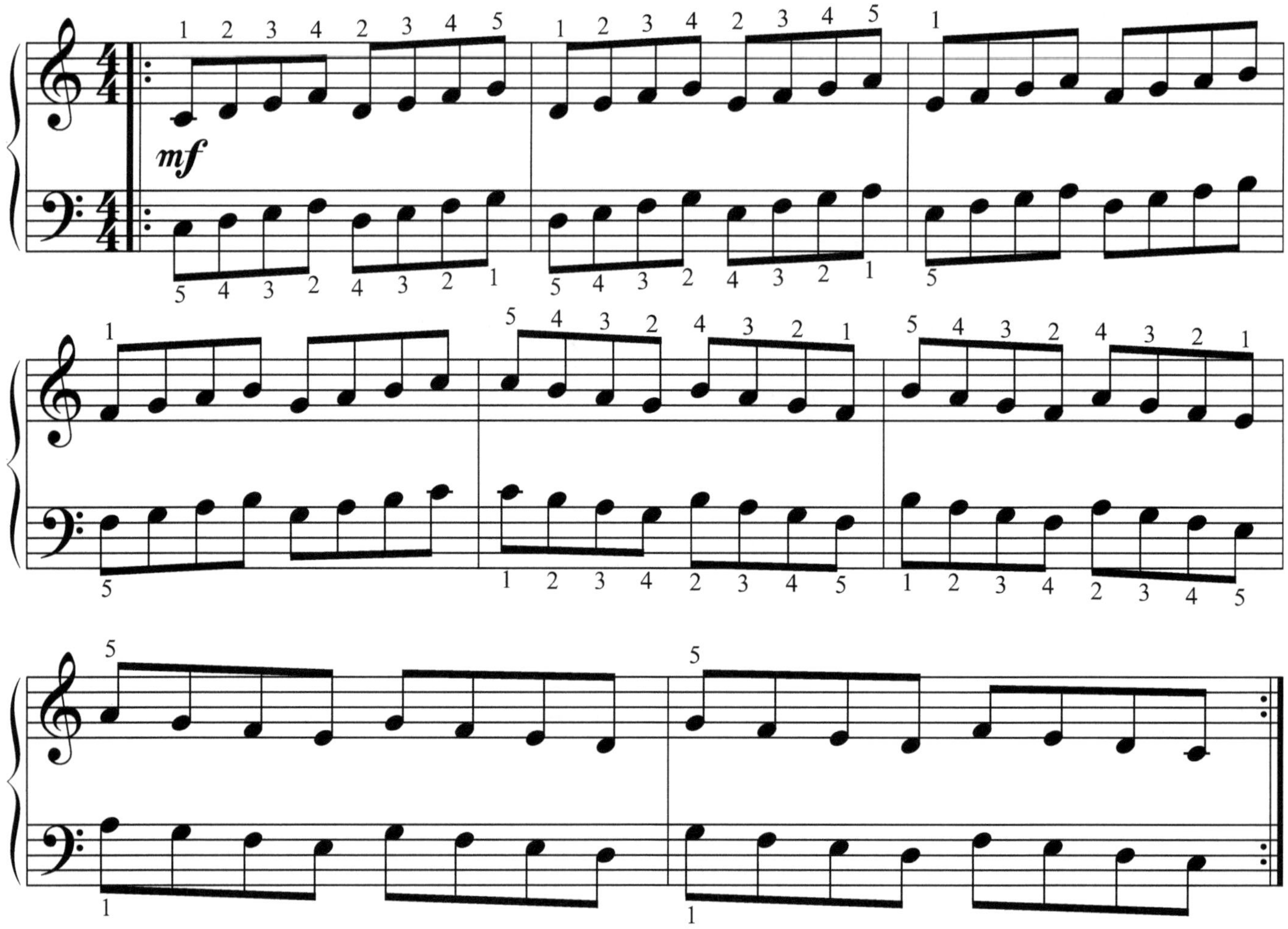

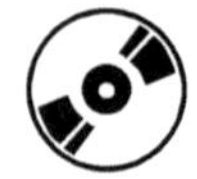

14. Achtelnoten im 3/4-Takt

♩= 88 - 120

Diese Übung wird wieder in der C-Dur-Grundposition gespielt.

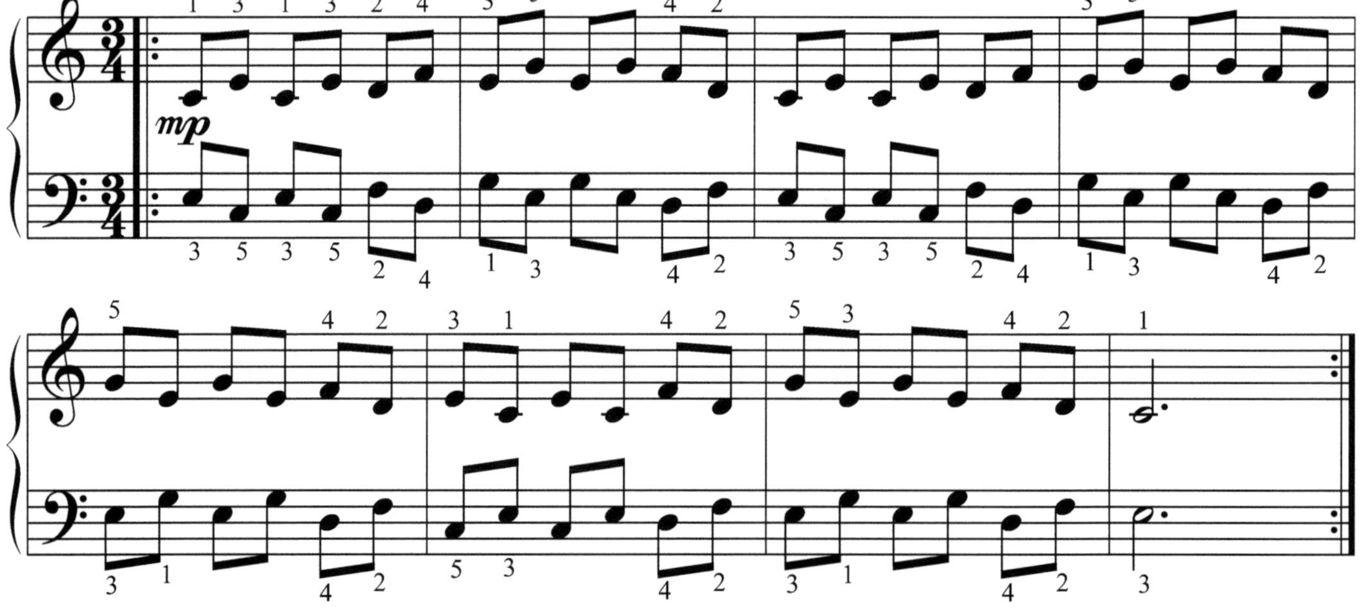

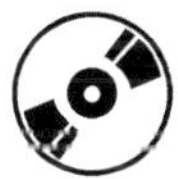

15. Arpeggien im 3/4-Takt

♩= 96 - 144

Nun werden die Hände solange verschoben bis der Daumen der rechten Hand das **c''** erreicht hat und der kleine Finger der linken Hand das **c'**. Danach geht es zurück, bis die ursprüngliche C-Dur-Grundposition wieder erreicht ist.

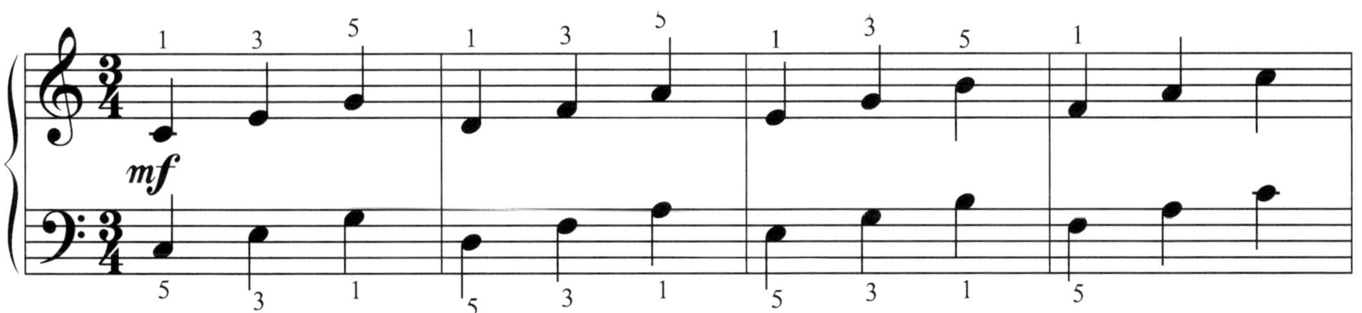

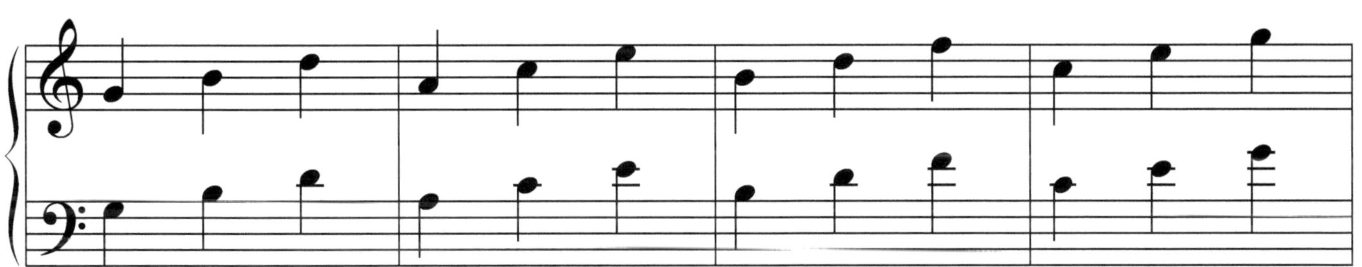

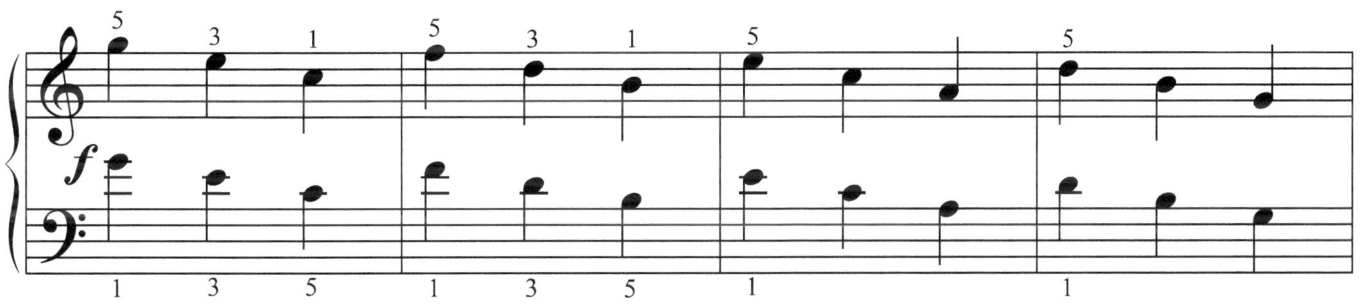

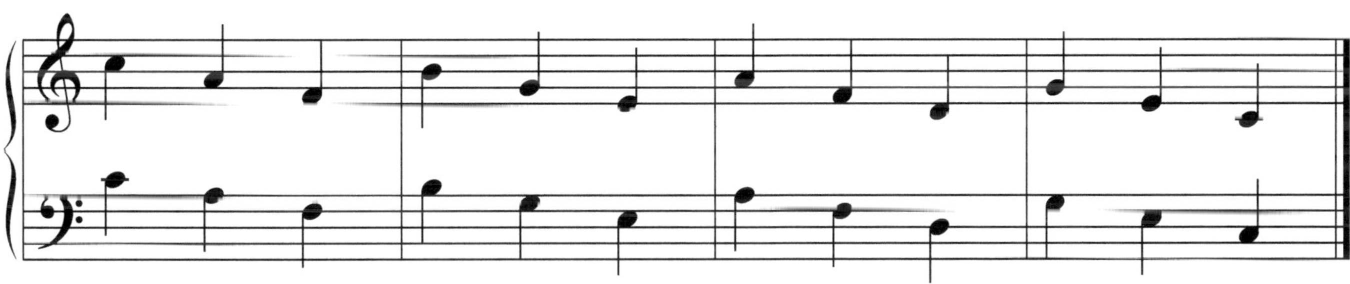

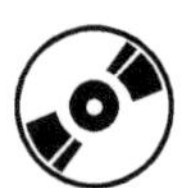

16. Verschieben der C-Dur-Grundposition im 6/8-Takt

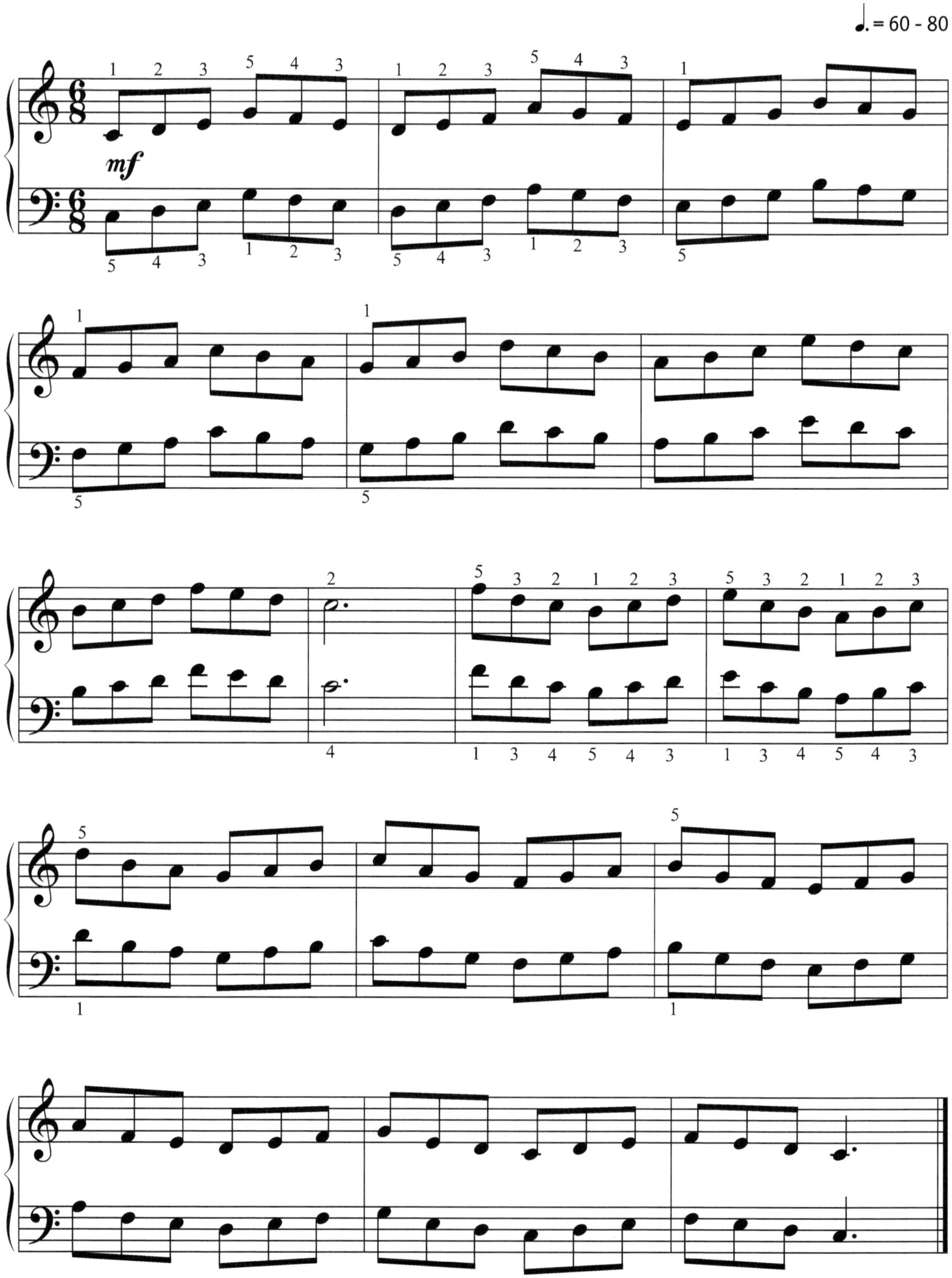

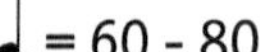

♩. = 60 - 80

mf

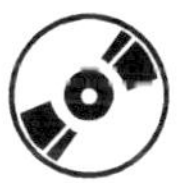

17. Staccato – Legato

♩= 80 - 96

Versuche einen hörbaren Unterschied zwischen Staccato-Achteln und gebundenen Achteln zu machen.

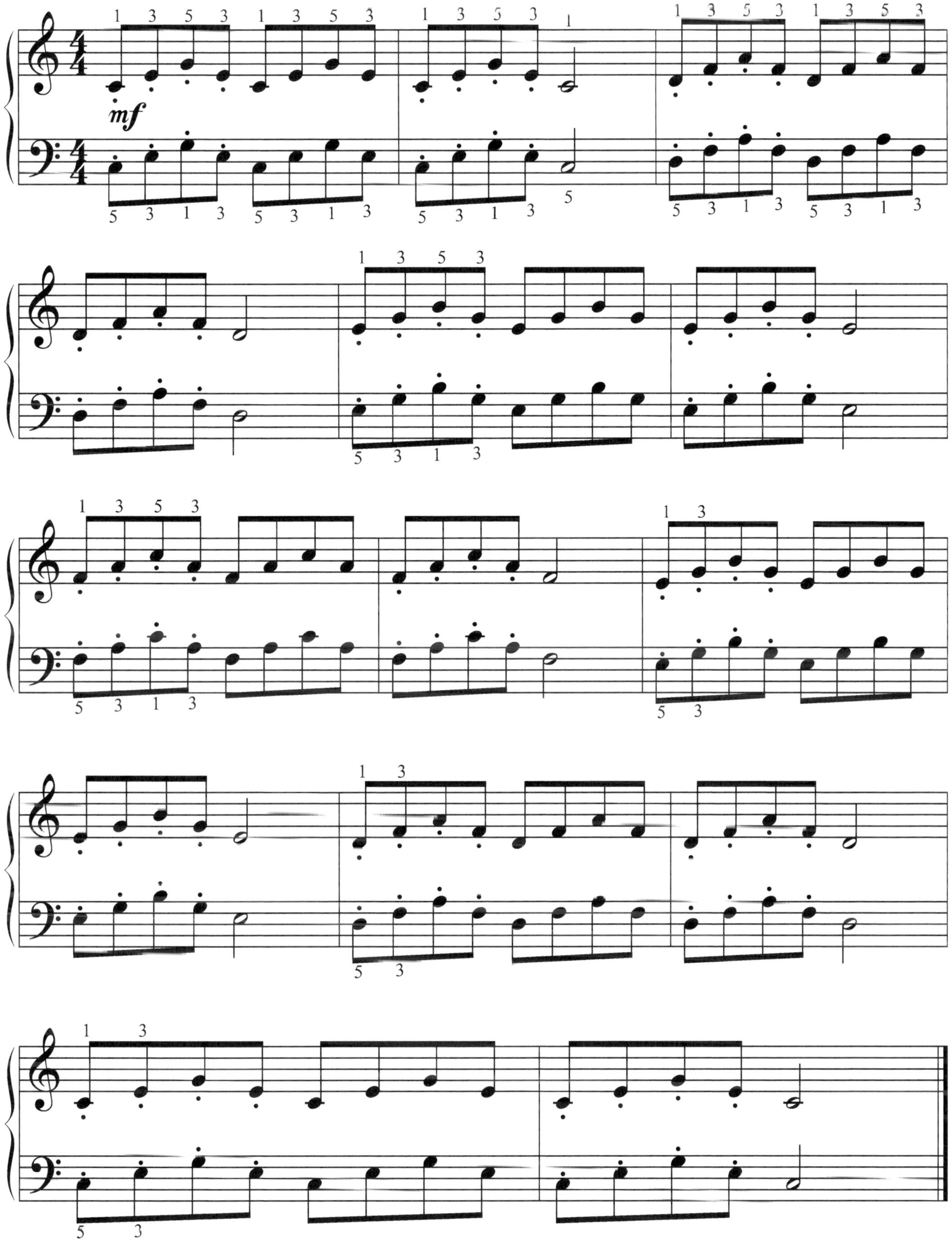

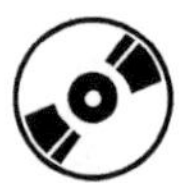

18. Training für den 2. und 3. Finger

♩= 80 - 120

Die Zeige- und Mittelfinger sind beweglicher als die Ringfinger und kleinen Finger.
Es ist daher leicht die Noten abwechselnd mit den Zeige- und Mittelfingern zu spielen.

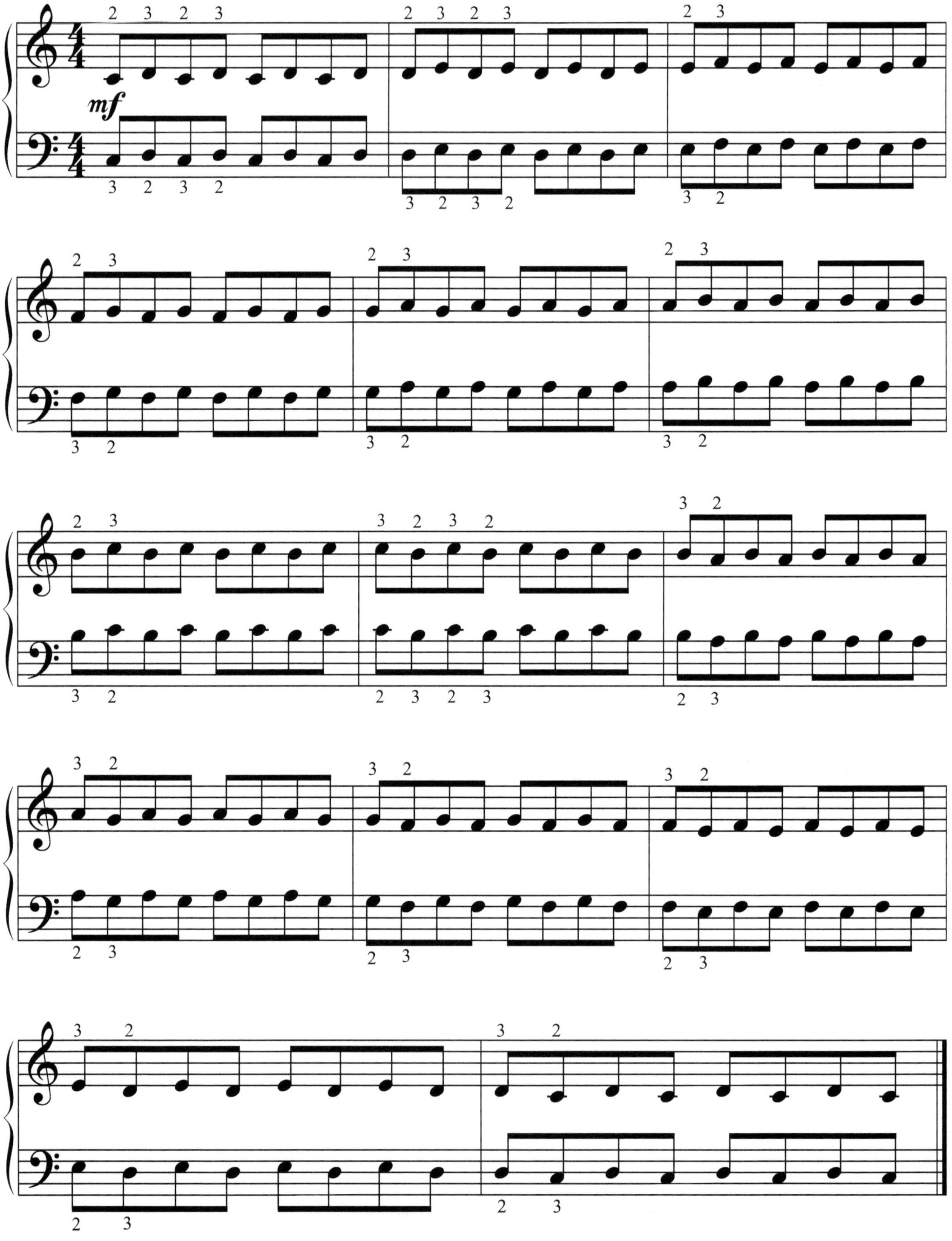

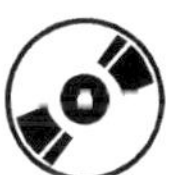

19. Staccato in A-Moll

♩= 100 - 138

Diese Übung beginnt in der A-Moll-Grundposition.
Achte auf die abwechselnd kurz gespielten und gebunden zu spielenden Noten.

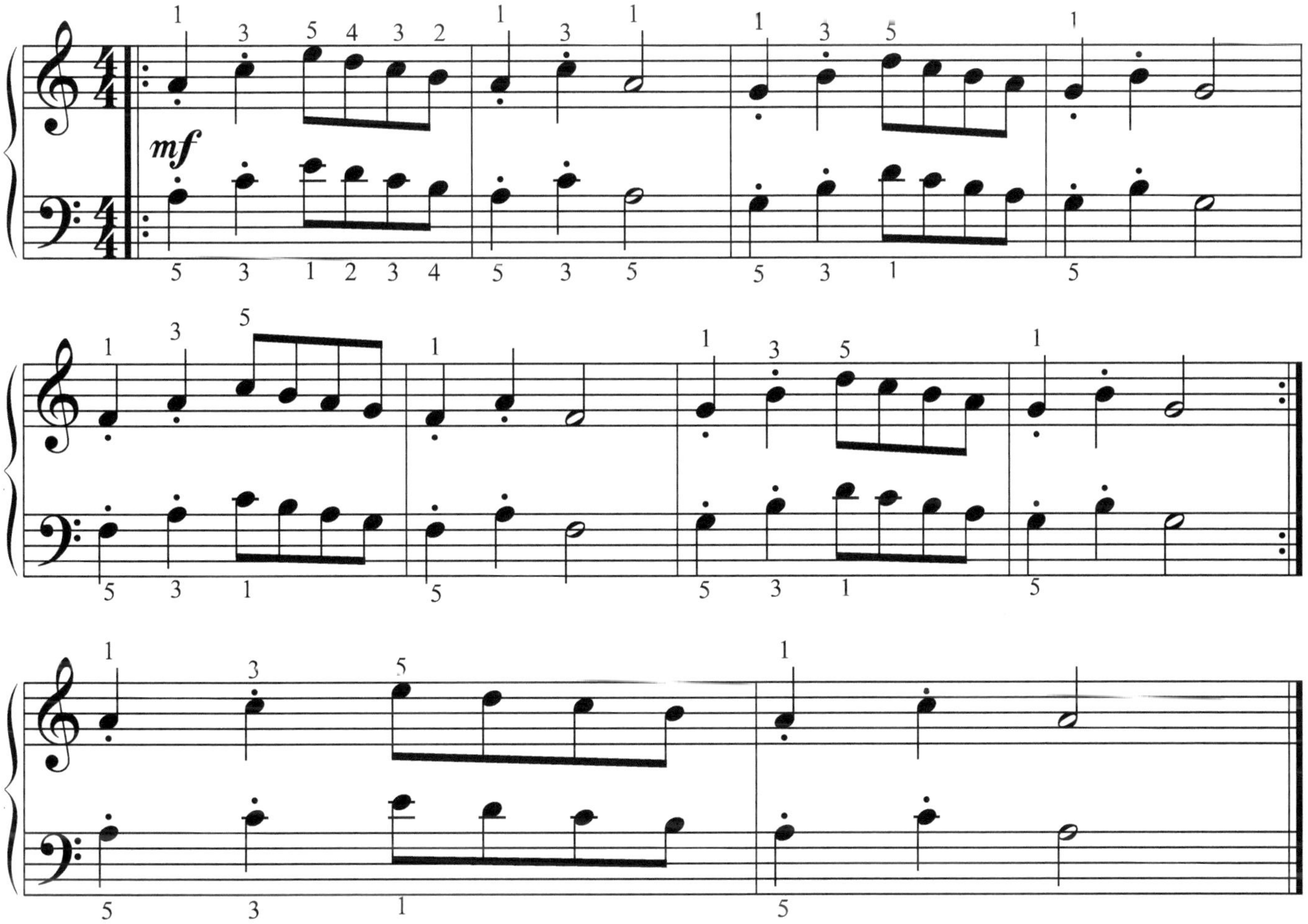

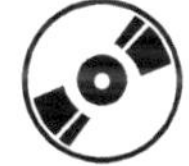

20. Gegenläufige Achtel

♩= 88 - 112

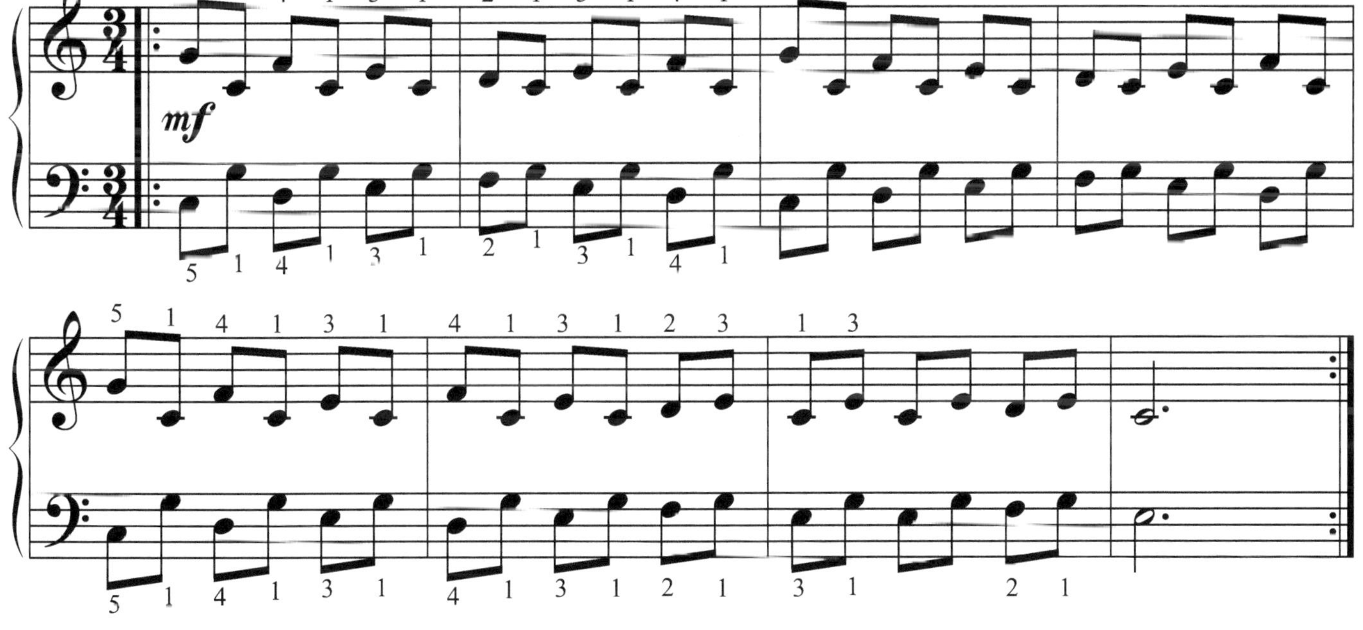

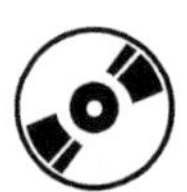

21. Training für den 1., 2. und 3. Finger

♩= 96 - 138

Diese Übung fördert die Beweglichkeit für das Spiel mit Daumen, Zeige- und Mittelfinger.
Du kannst diese Übung auch mit Zeige-, Mittel- und Ringfinger (2., 3. und 4. Finger) spielen!

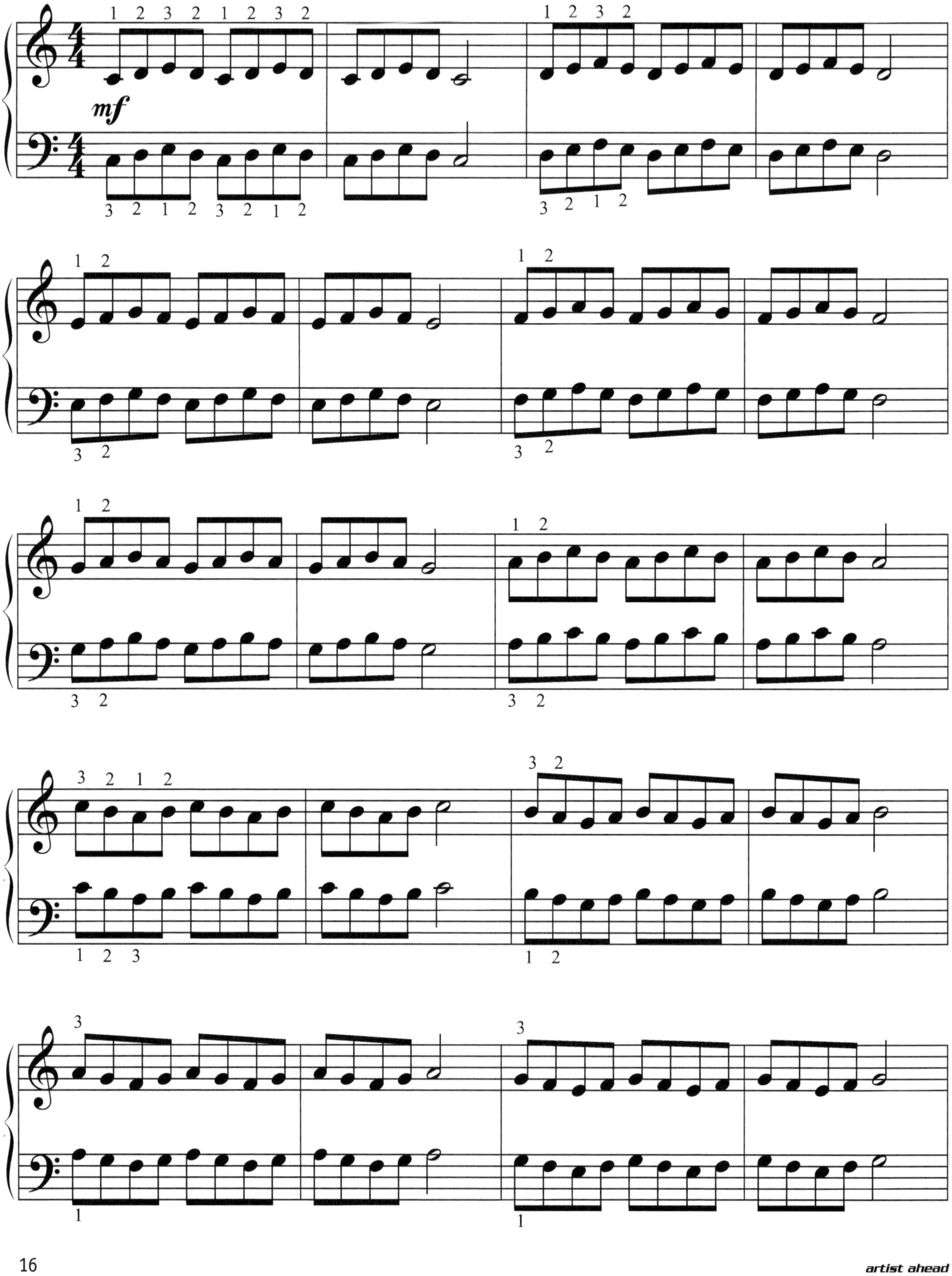

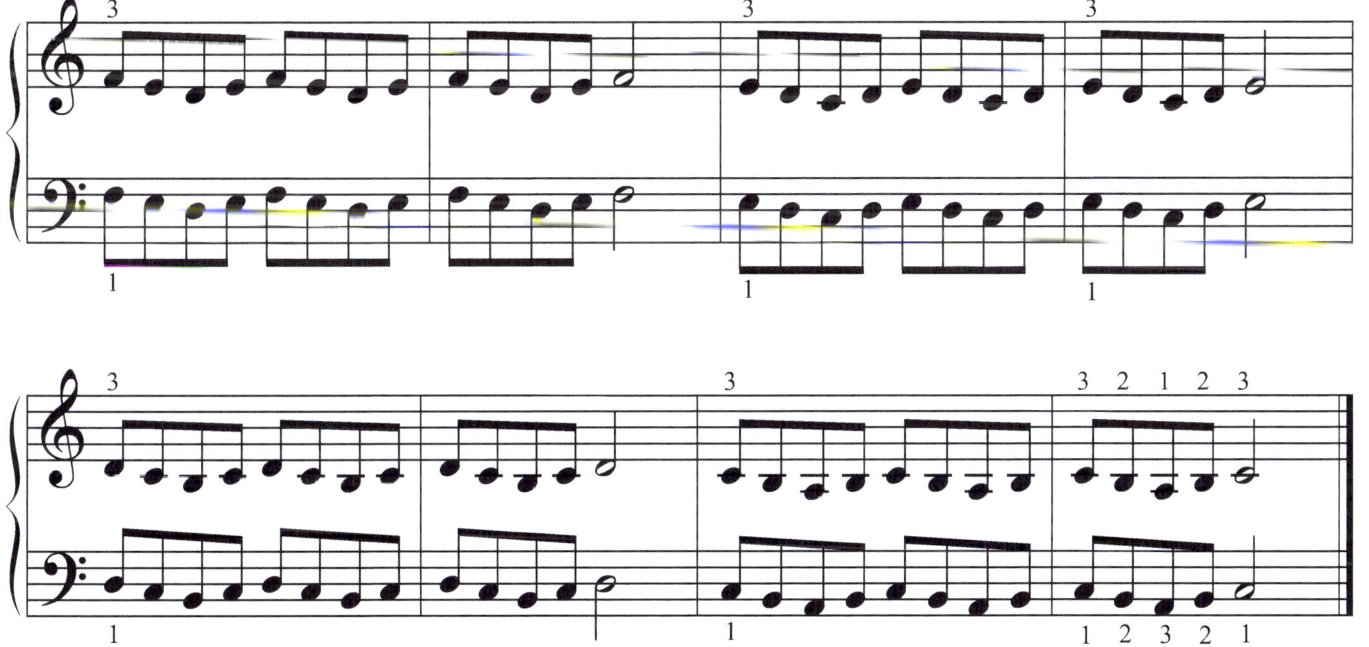

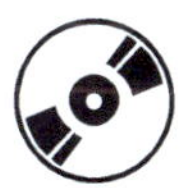

22. Training für den 3. und 4. Finger

♩= 76 - 116

Nun widmen wir uns dem abwechselnden Spiel der Mittel- und Ringfinger. Der Ringfinger (4. Finger) ist leider zu Beginn des Klavierspiels meist schwach und weniger beweglich als Daumen, Zeige- und Mittelfinger. Wir kräftigen deshalb mit dieser Übung die Ringfinger. So wird die Fähigkeit gefördert, Noten abwechselnd mit den 3. und 4. Fingern spielen zu können.

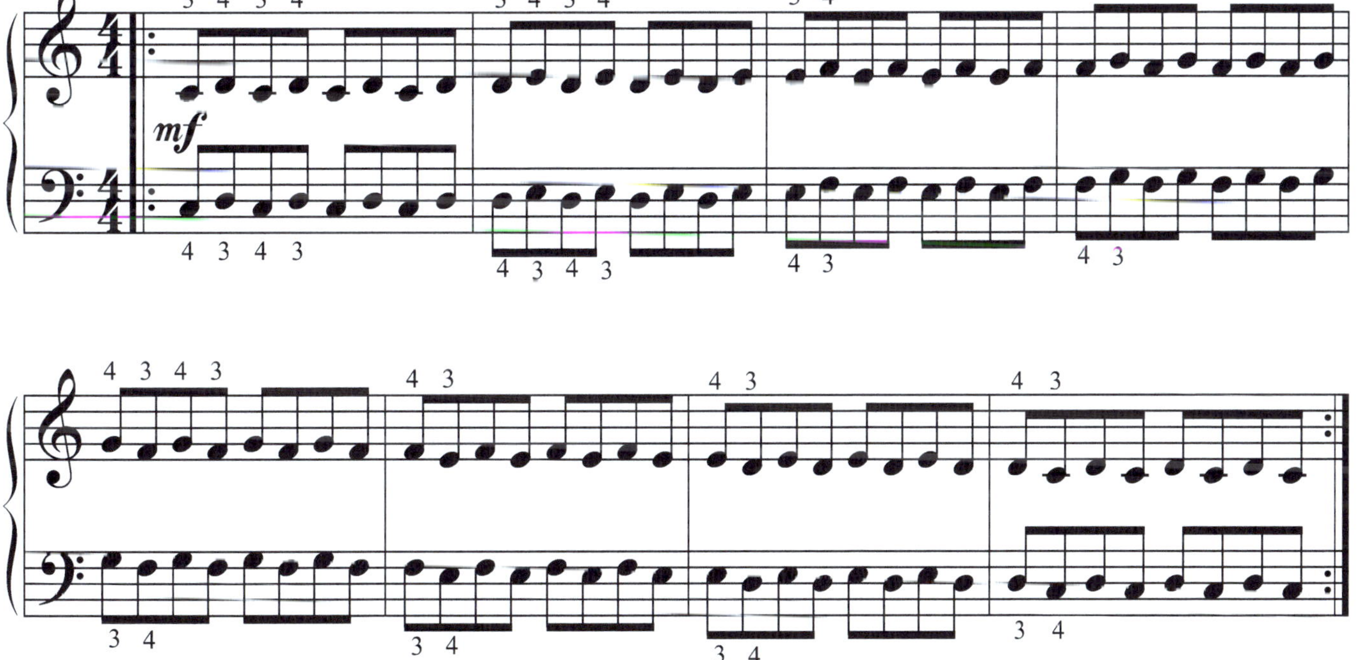

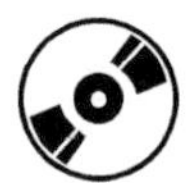

23. Training für den 4. und 5. Finger

♩= 120 - 160

Der kleine Finger ist Anfang des Klavierunterrichts ebenfalls noch relativ schwach und unbeweglich. Er soll zusammen mit dem Ringfinger in der folgenden Übung trainiert werden.

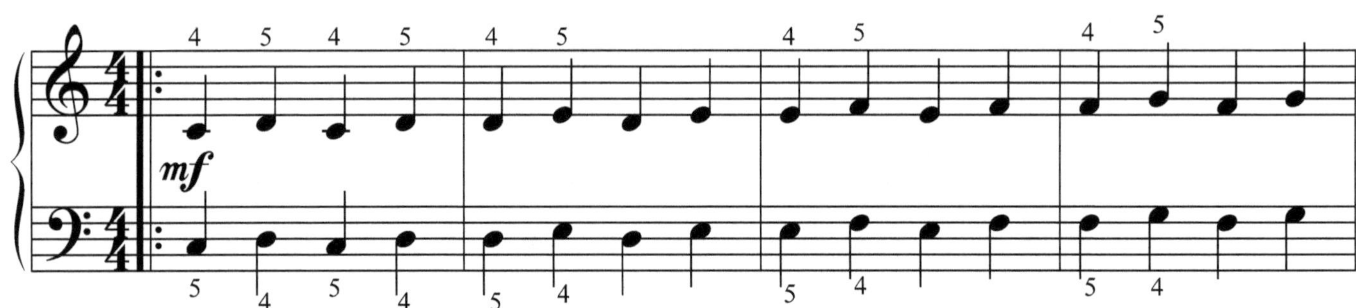

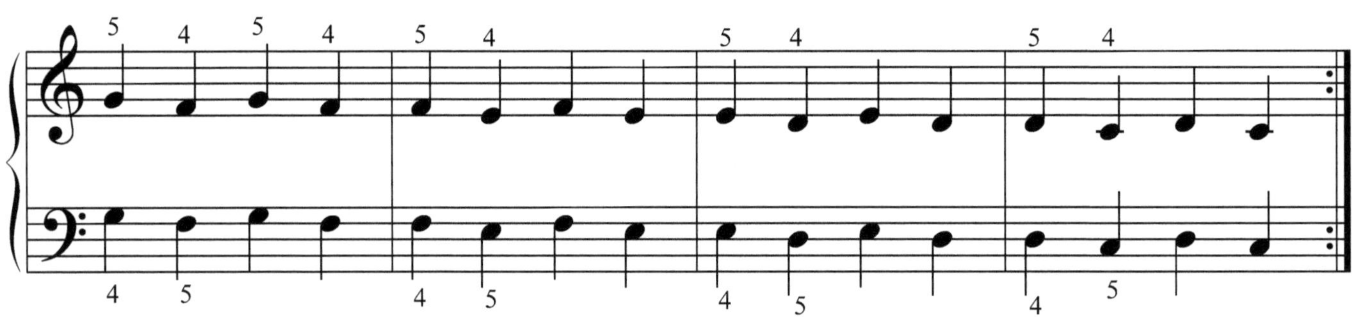

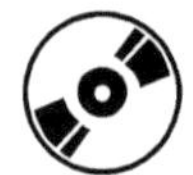

24. C-Dur-Tonleiter

♩= 68 - 80

Übe zunächst jede Hand einzeln, dann mit beiden Händen. Steigere das Tempo nach und nach.

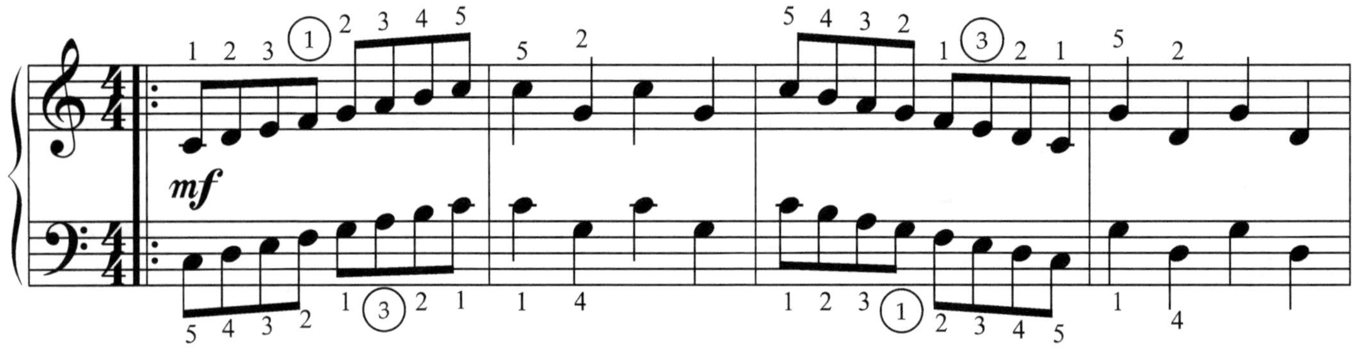

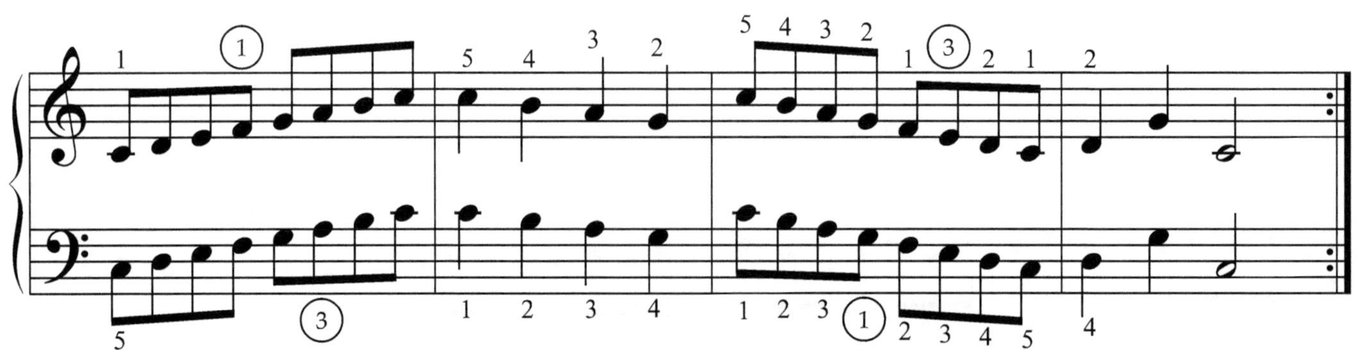

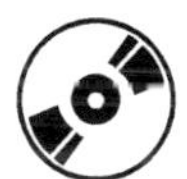

25. G-Dur-Grundposition

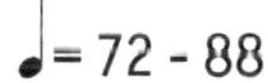

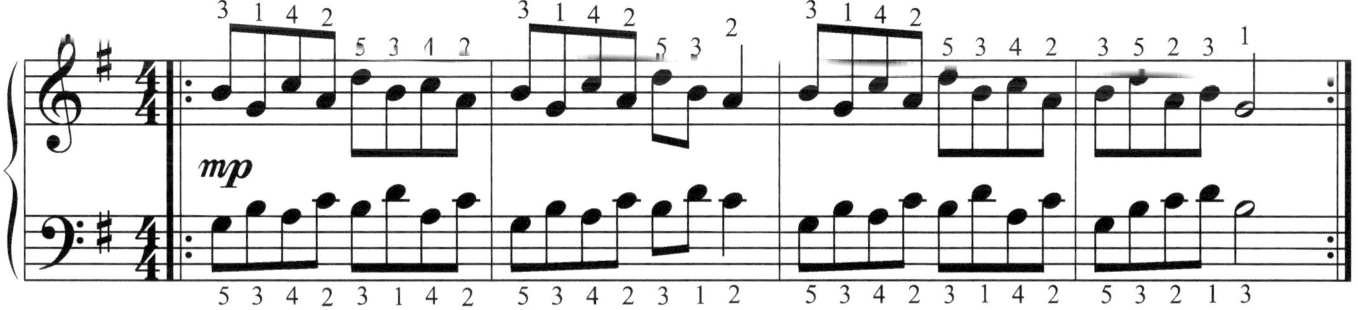

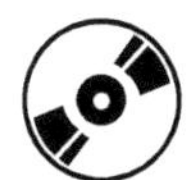

26. G-Dur-Grundposition im 6/8-Takt

♩. = 72 - 88

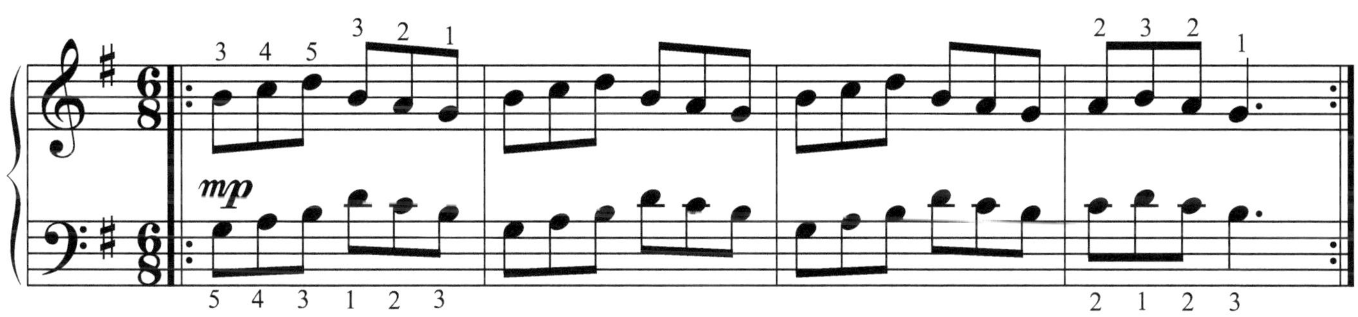

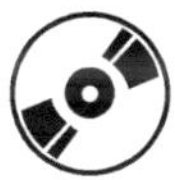

27. F-Dur-Grundposition

♩ = 80 - 108

Der Ton **b** wird mit dem 4. Finger der rechten Hand gespielt und mit dem 2. Finger der linken Hand.

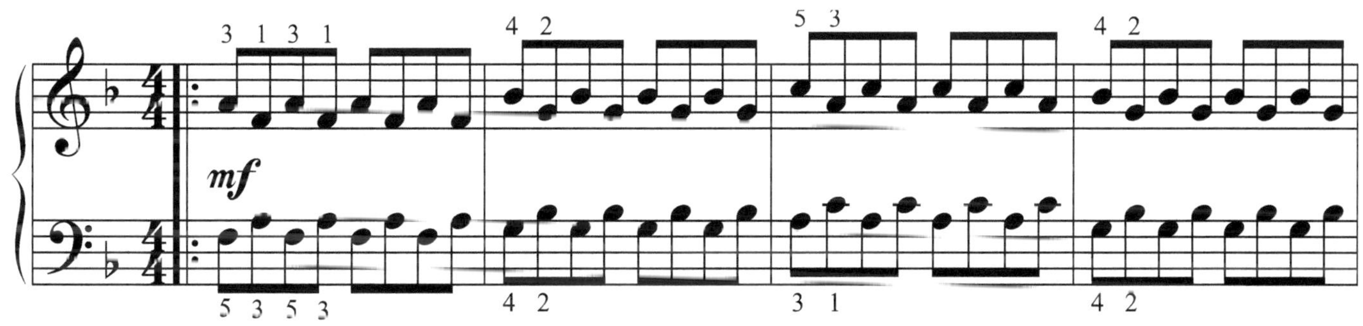

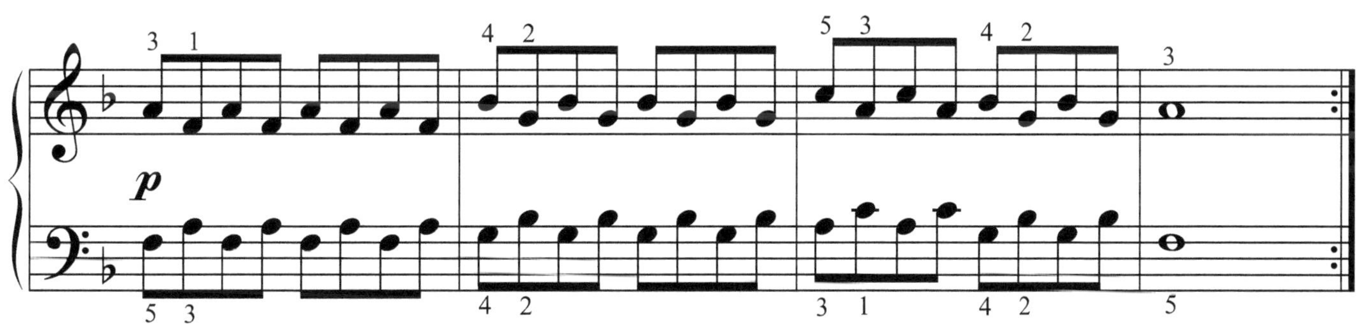

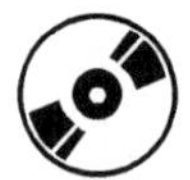

28. F-Dur-Grundposition im 3/4-Takt

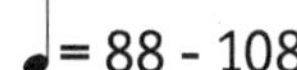

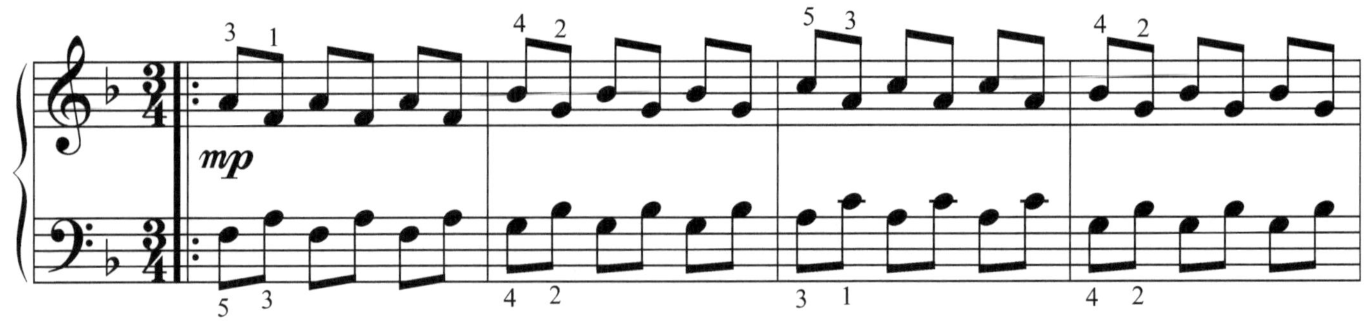

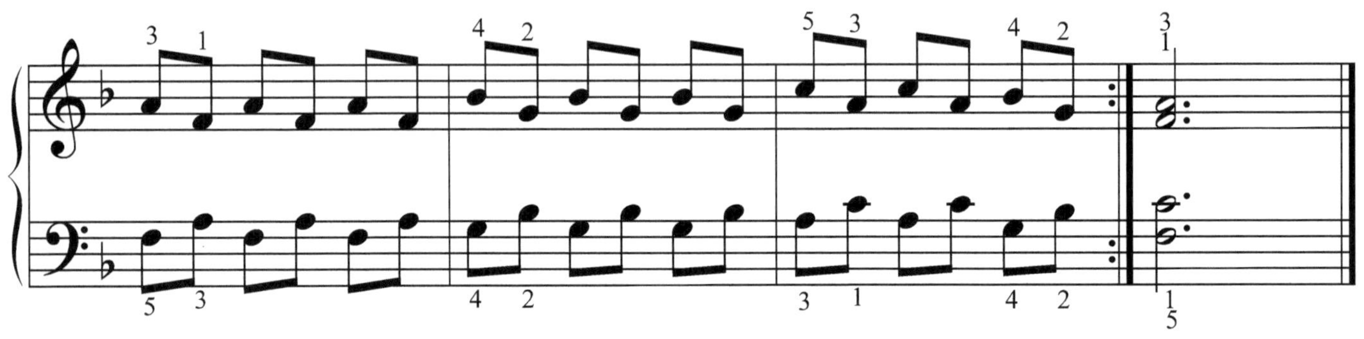

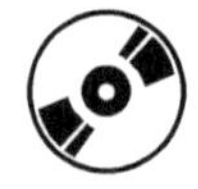

29. F-Dur-Grundposition in Viertelnoten

♩= 96 - 116

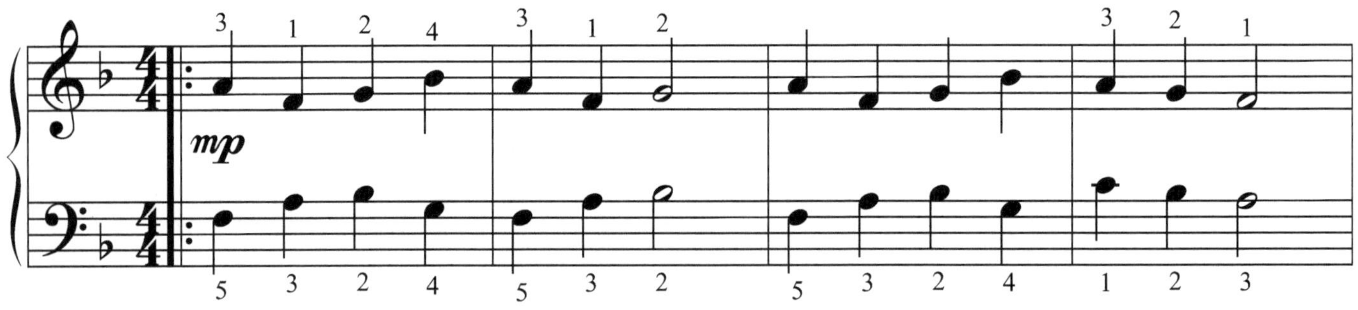

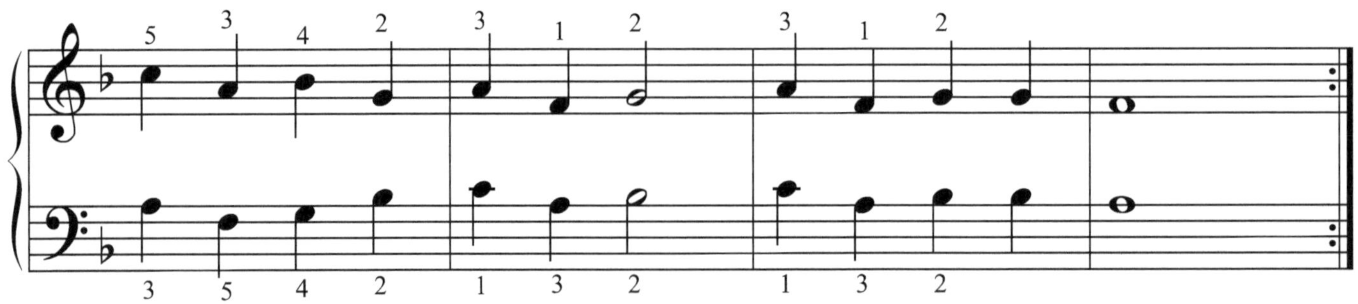

30. D-Moll-Grundposition in Achtelnoten

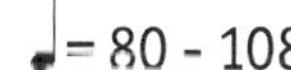

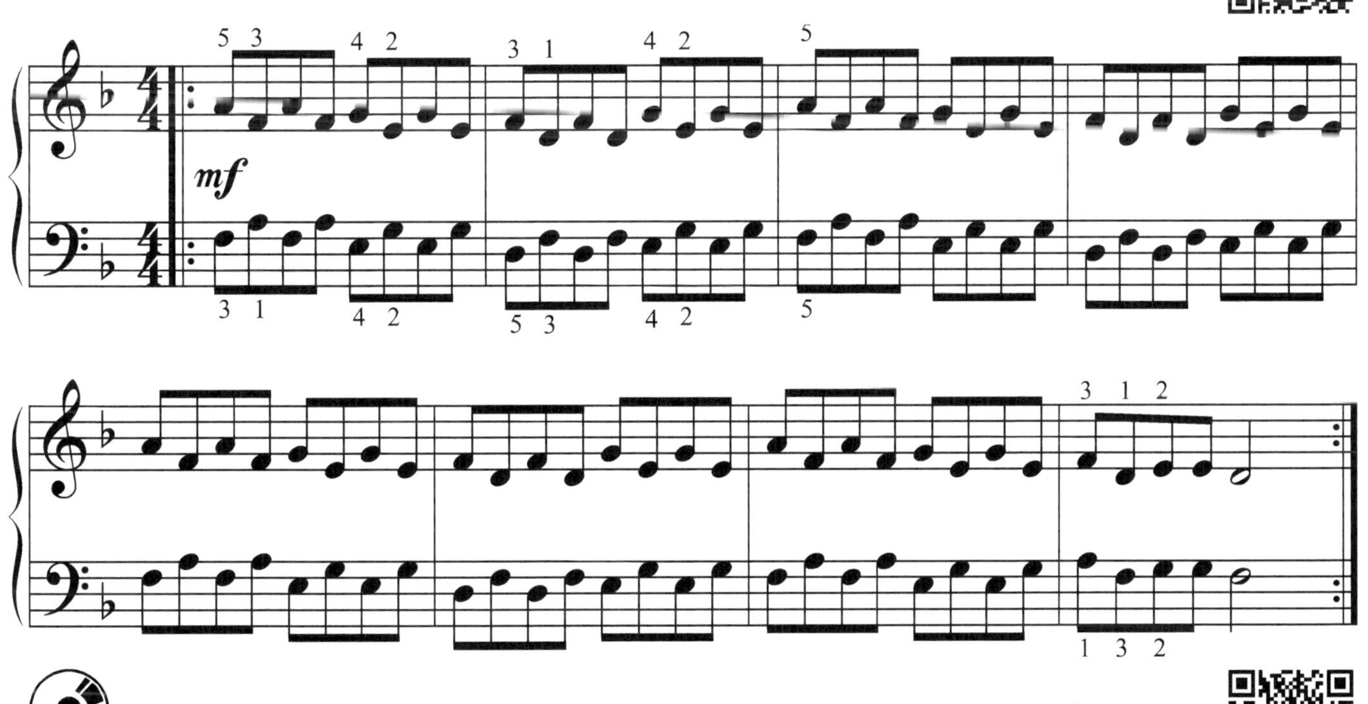

31. Akkord-Spiel

♩= 76 - 88

Übe zuerst die Noten für die rechte Hand, danach die Noten für die linke Hand und zuletzt mit beiden Händen gleichzeitig.

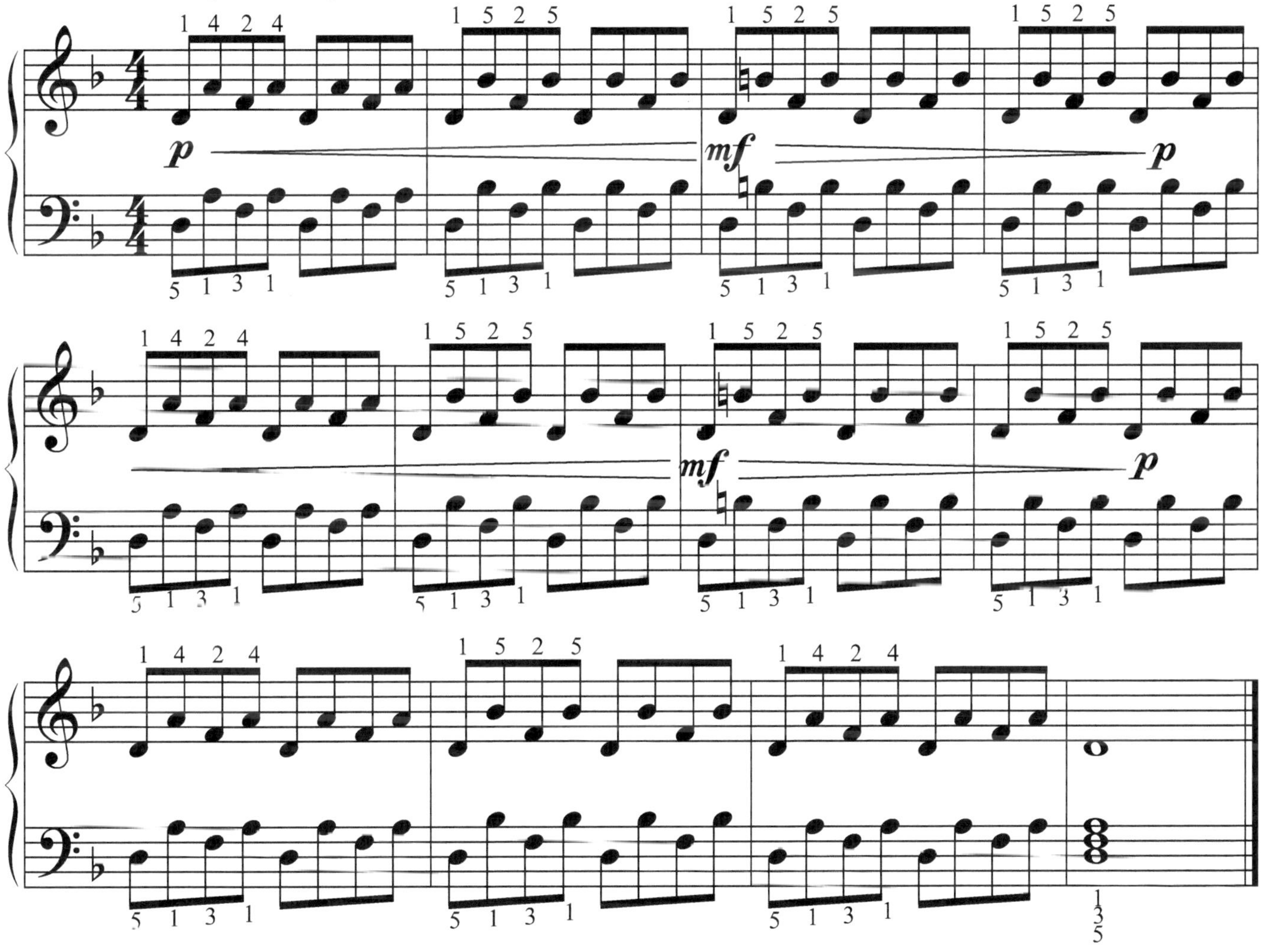

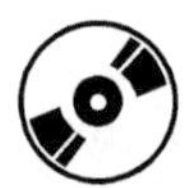

32. Gegenläufige Achtelnoten in A-Moll

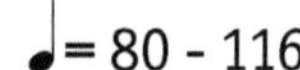

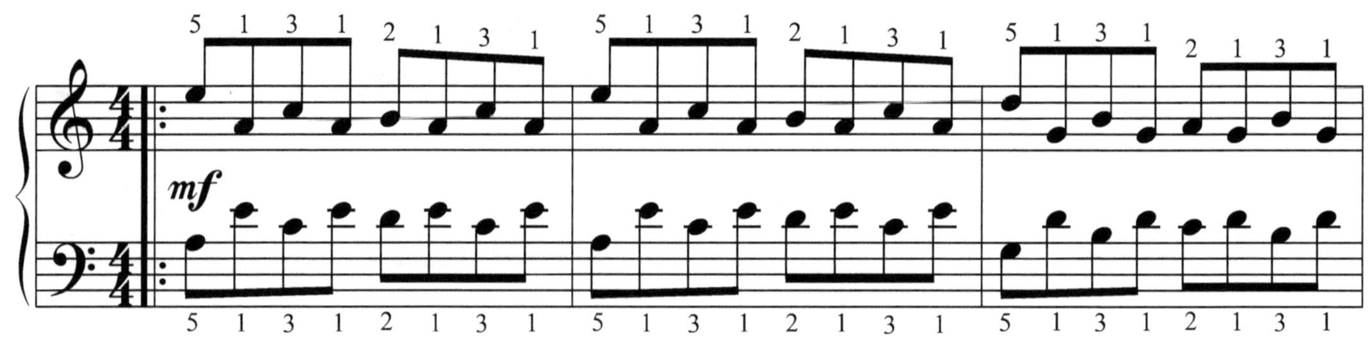

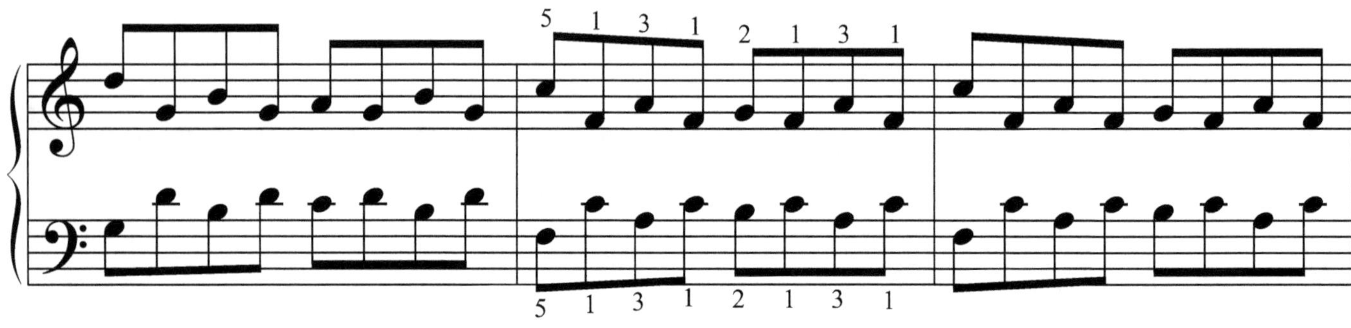

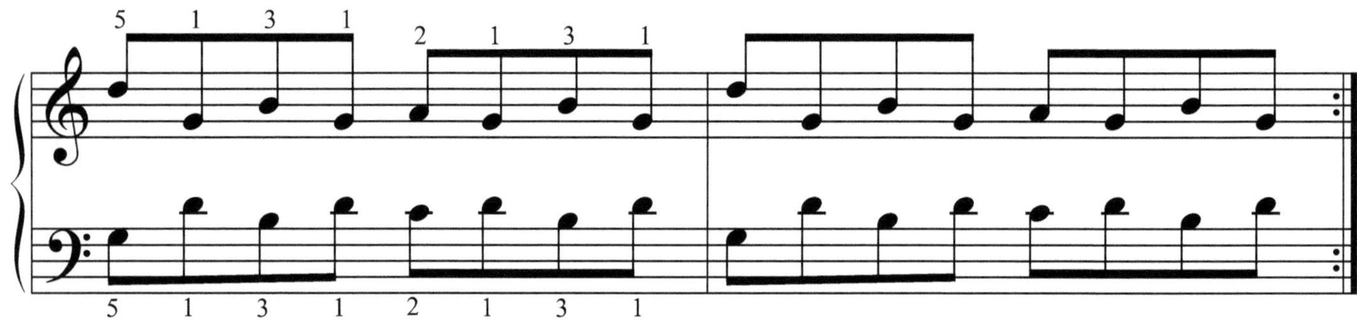

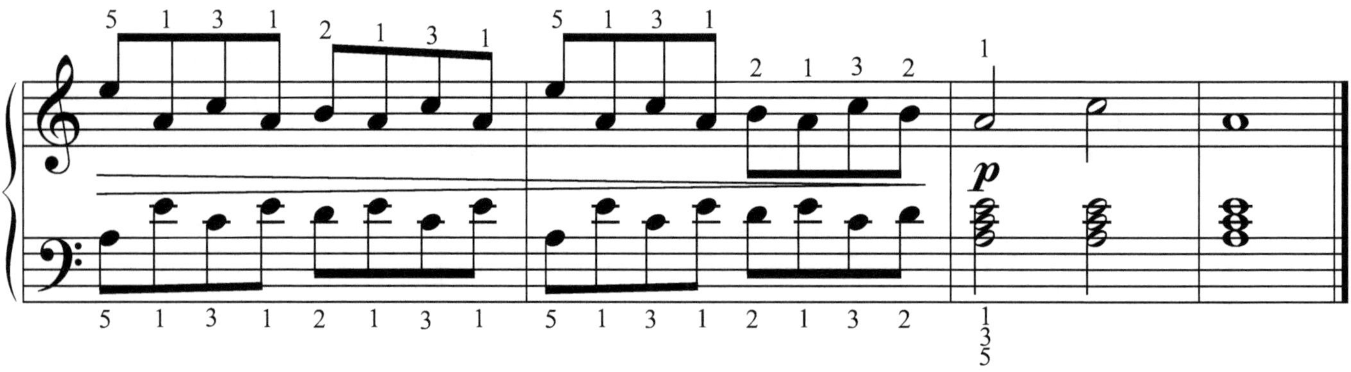

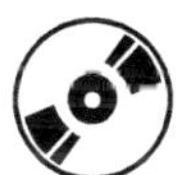

33. Achtelnoten im Violin- und Viertelnoten im Bassschlüssel

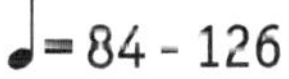

mp

mf

f

rit.

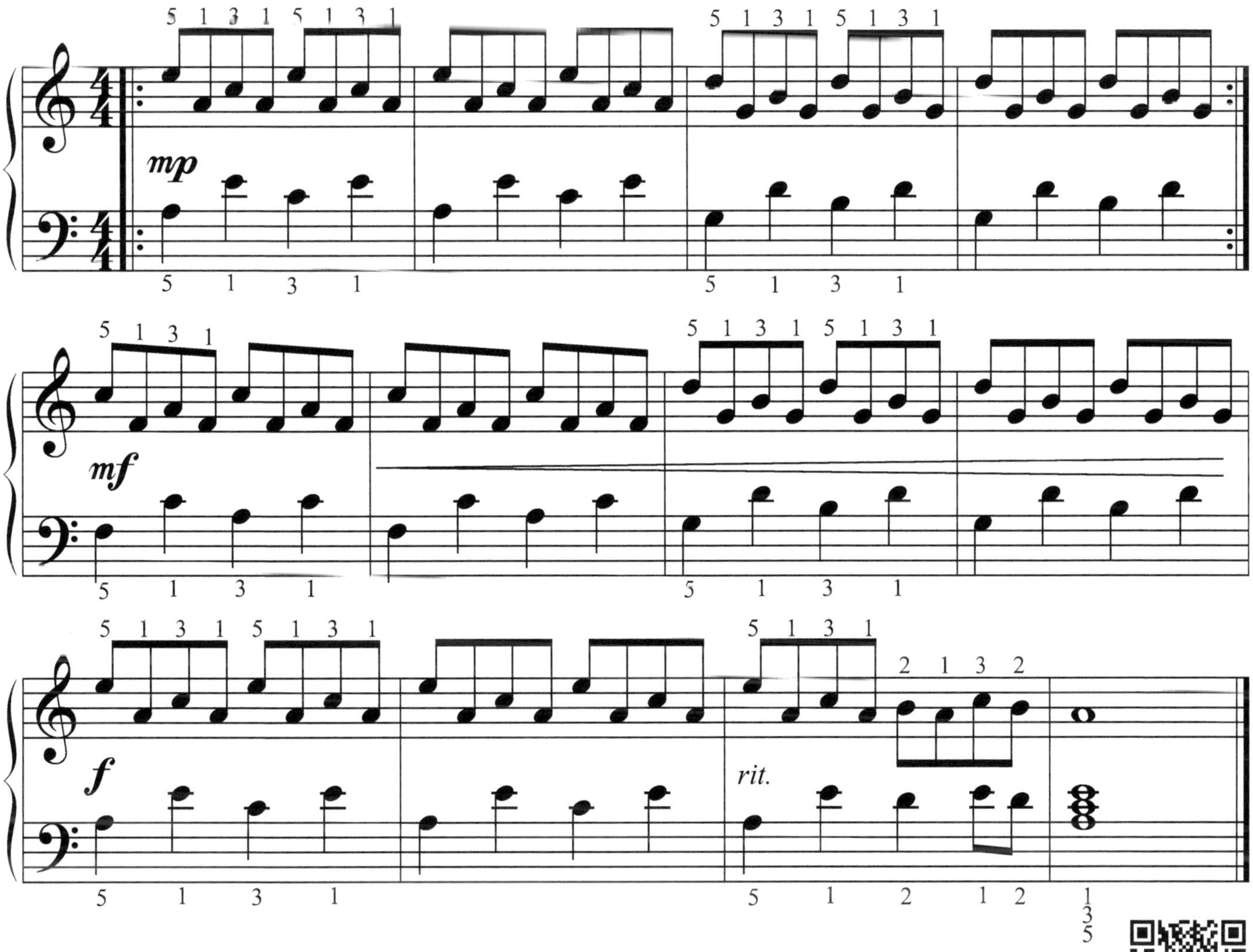

34. Die Akkorde A-Moll, F-Dur und G-Dur

♩= 80 - 112

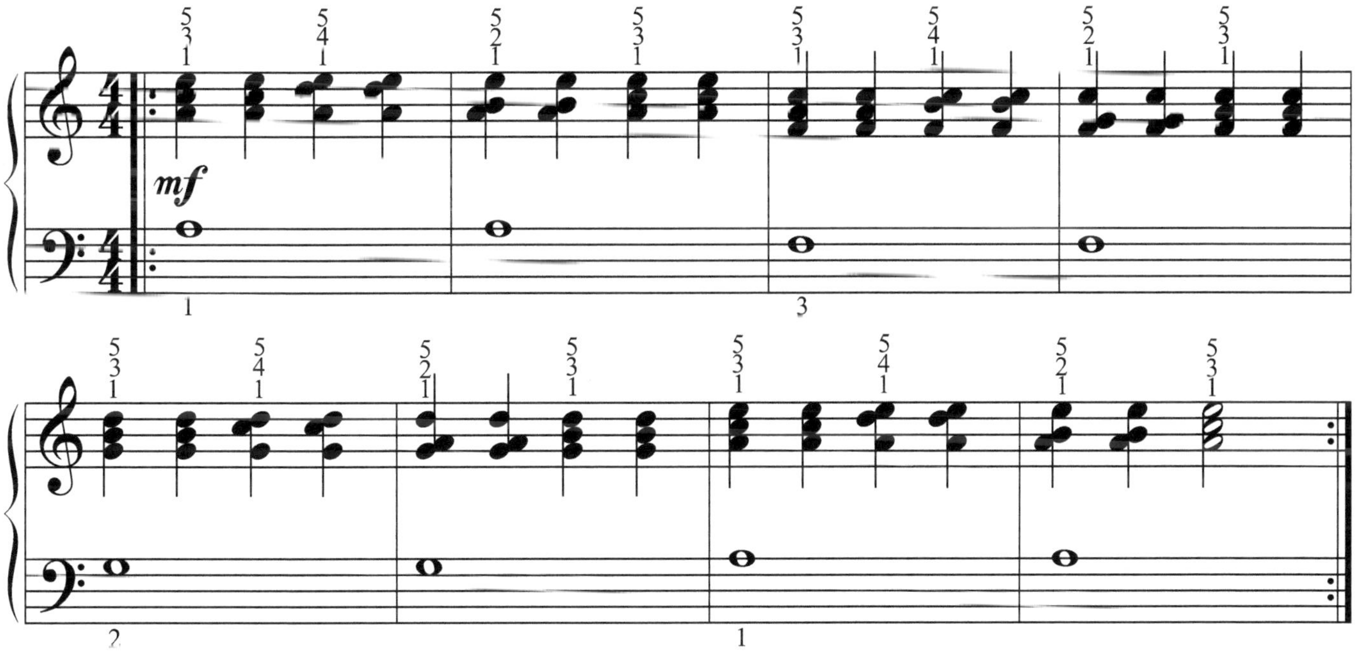

mf

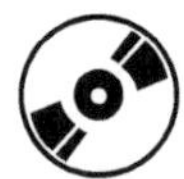

35. Viertelnoten im Violin- und Achtelnoten im Bassschlüssel

♩= 84 - 126

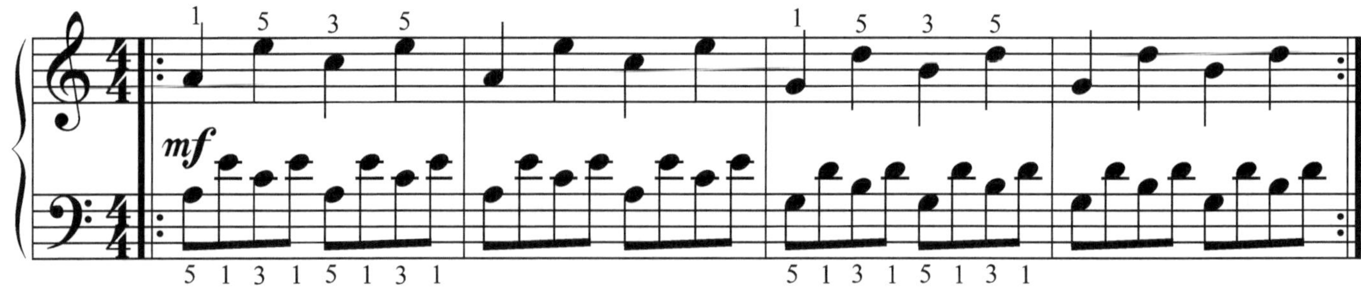

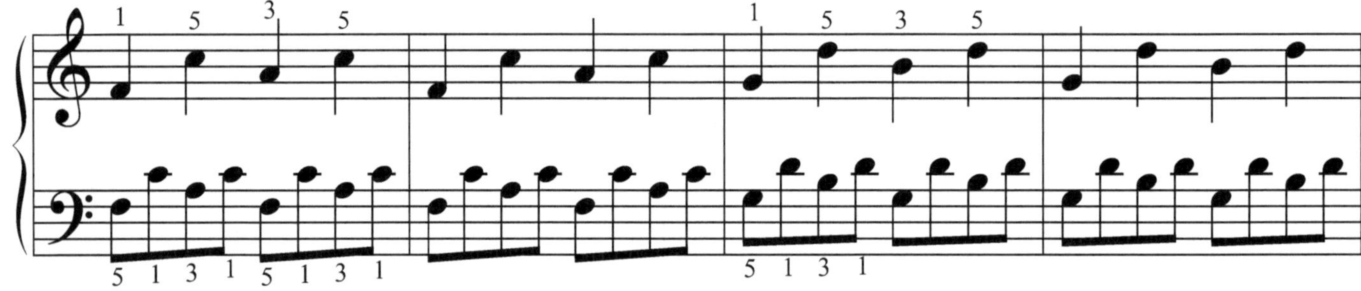

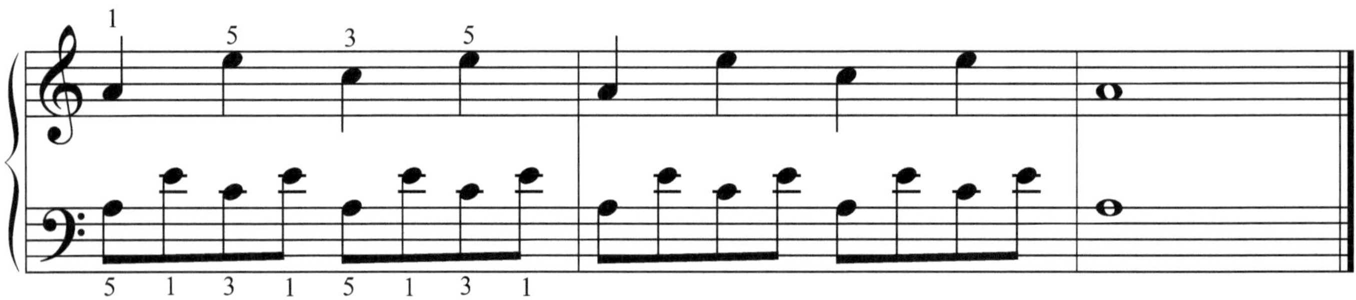

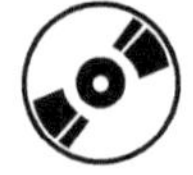

36. Übung im 6/8-Takt

♩= 72 - 88

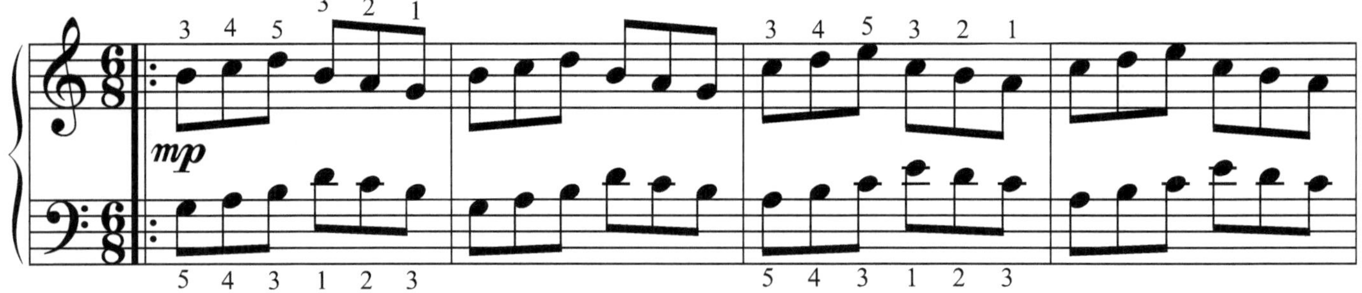

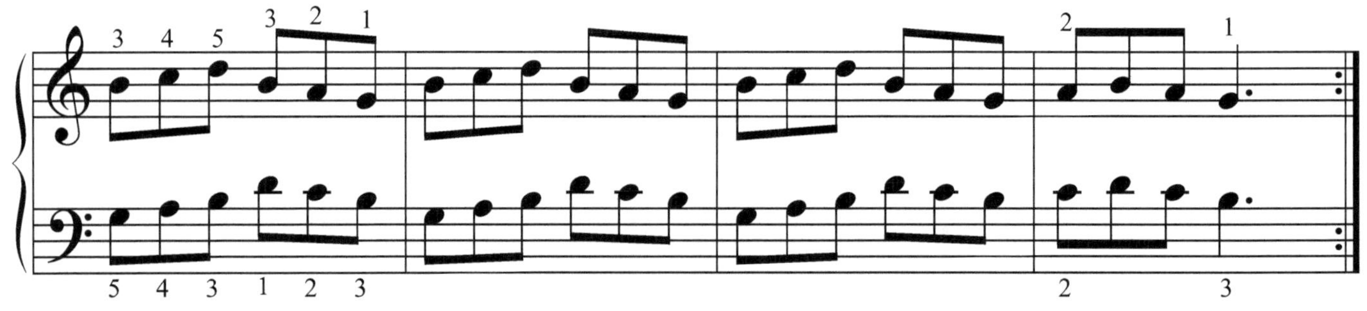

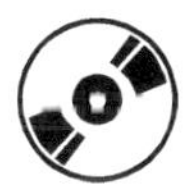

37. Verschieben der A-Moll-Grundposition

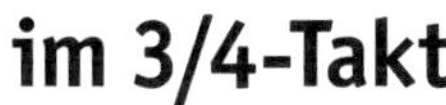

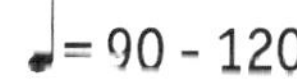

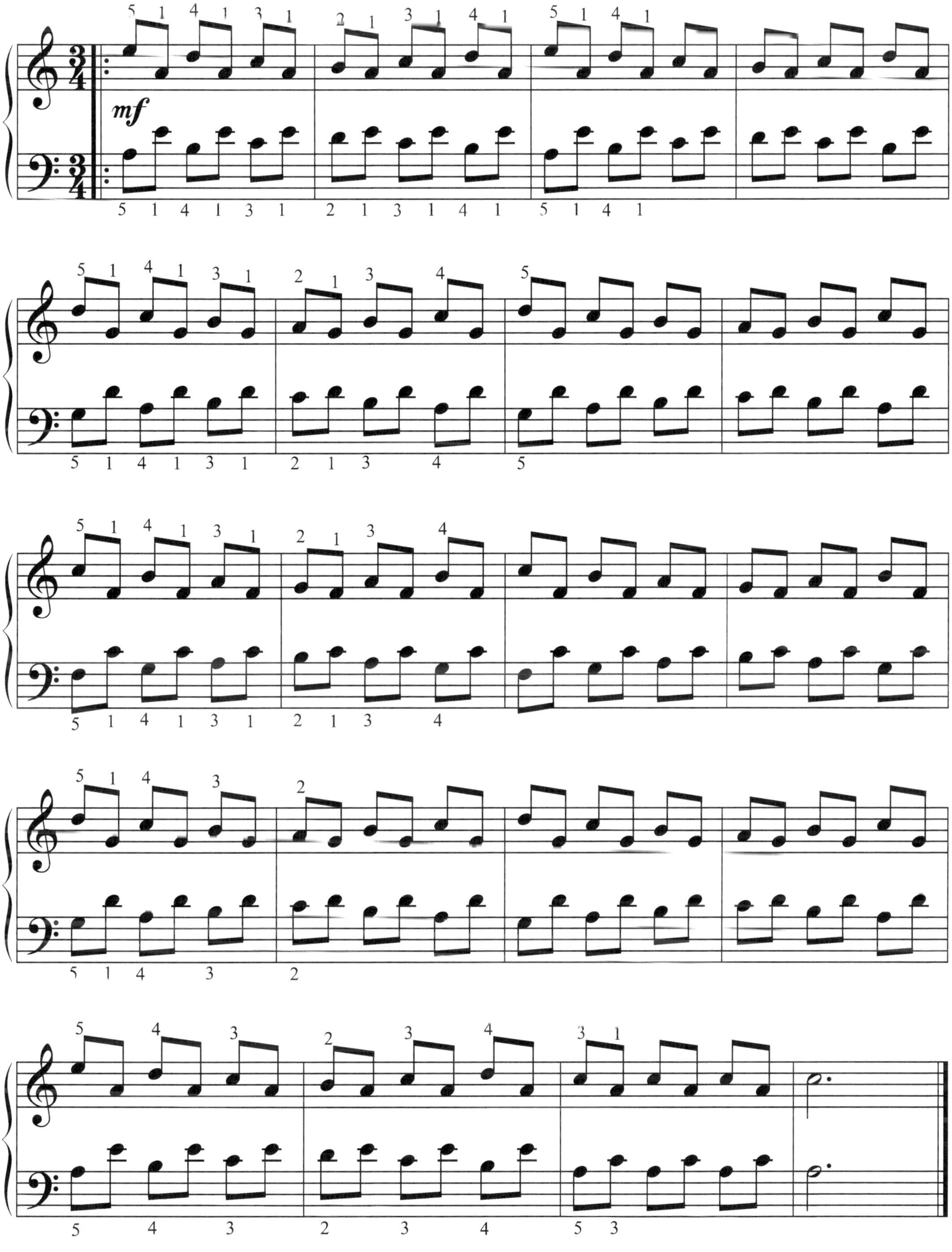

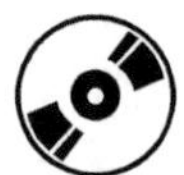

38. Legato-Achtel und Staccato-Viertel

♩= 88 - 116

Bei dieser Übung sollte gezählt werden, damit die Staccato-Viertelnoten im richtigen Verhältnis zu den Achtelnoten gespielt werden.

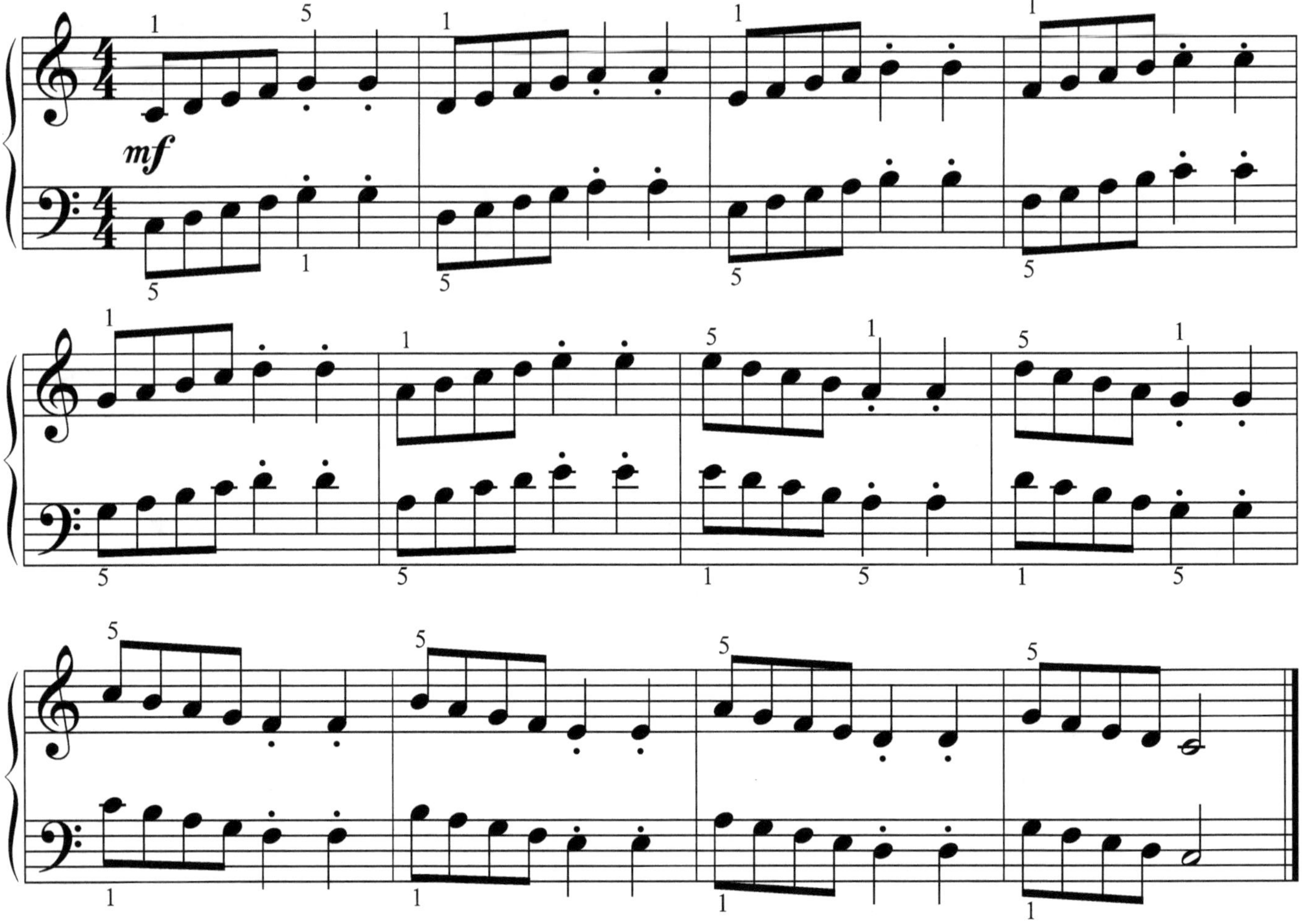

39. Staccato in D-Moll

♩= 100 - 152

Achte darauf alle Achtelnoten so kurz wie möglich zu spielen.

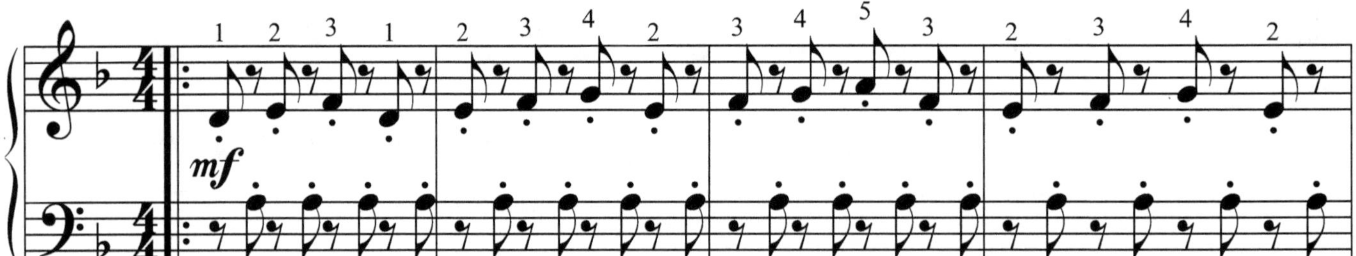

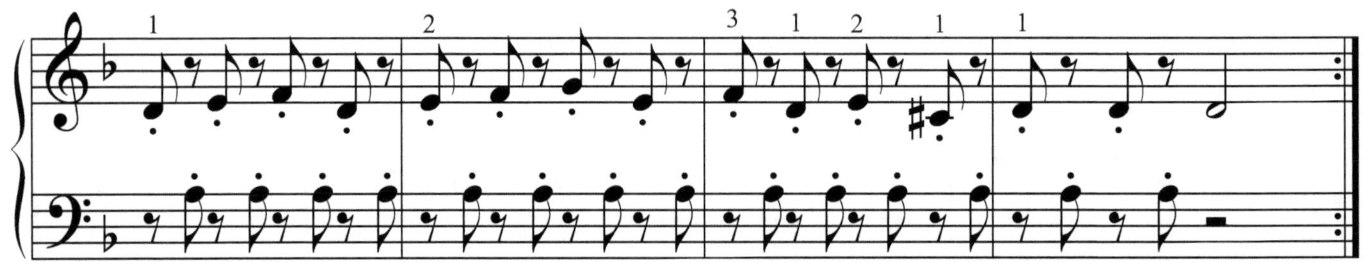

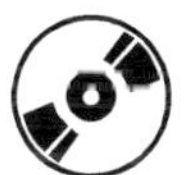

40. Verschieben der A-Moll-Grundposition

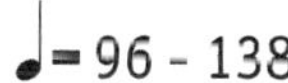

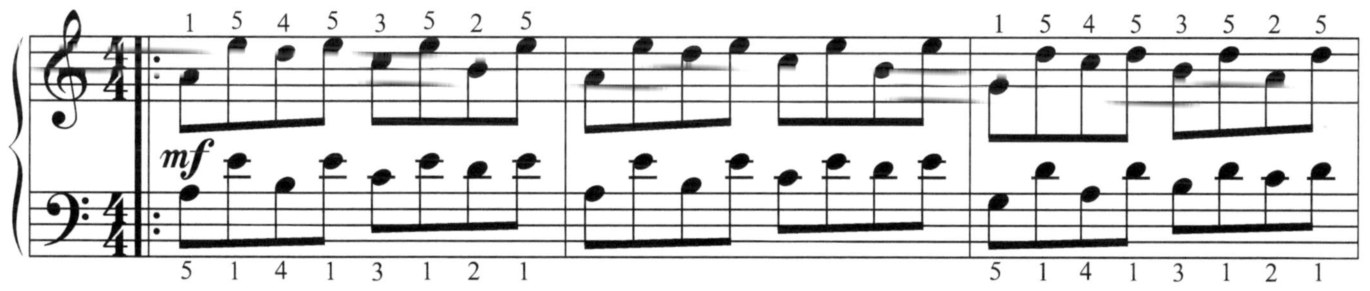

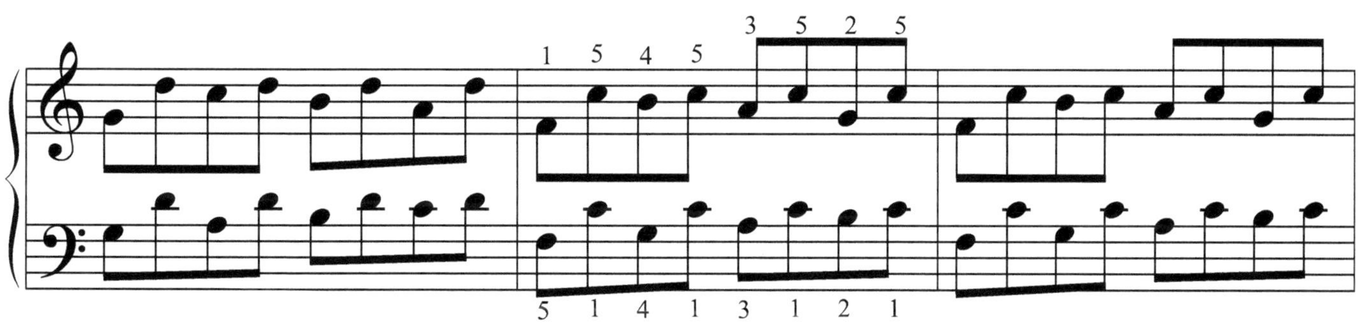

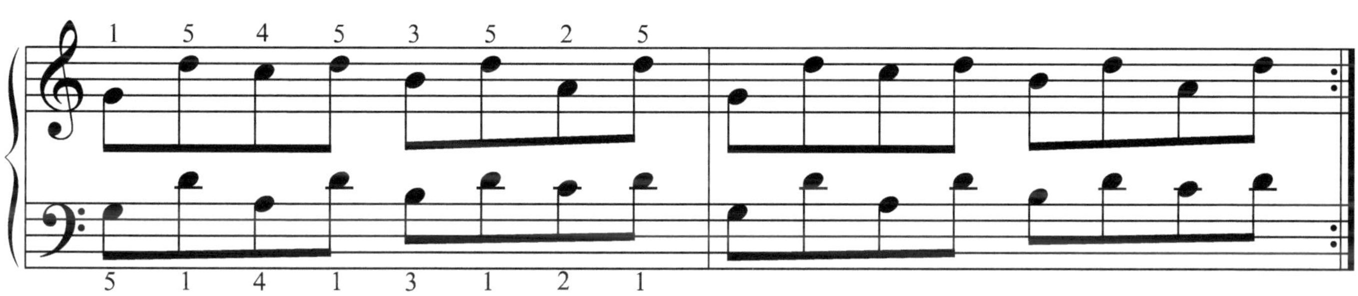

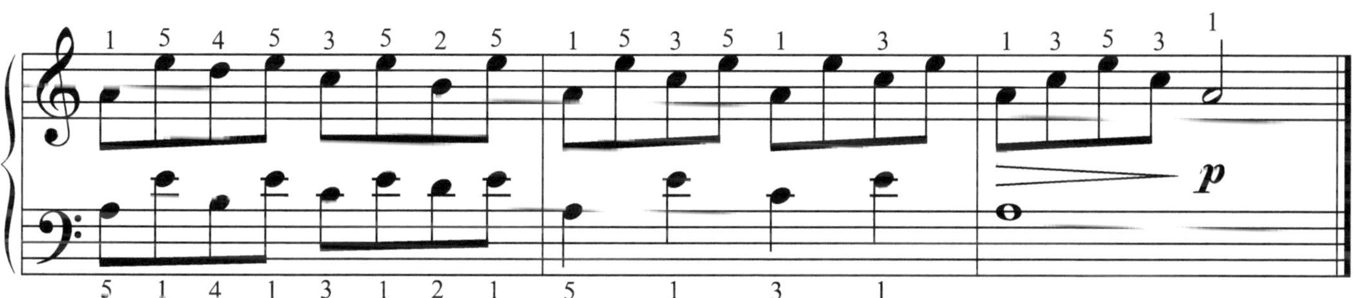

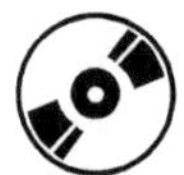

41. Achtel-Triolen in C-Dur

♩= 100 - 120

Du kannst diese Übung auch mit Zeige-, Mittel- und Ringfinger (2.,3. und 4. Finger) spielen!

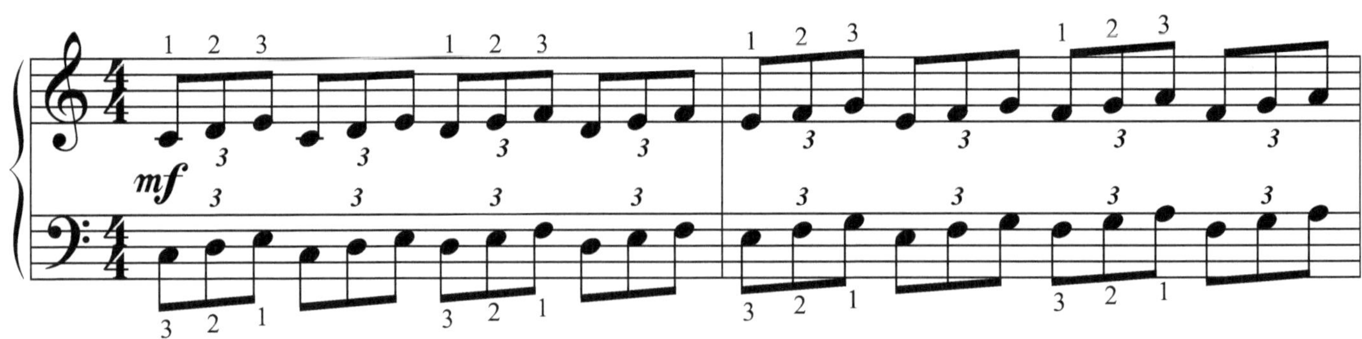

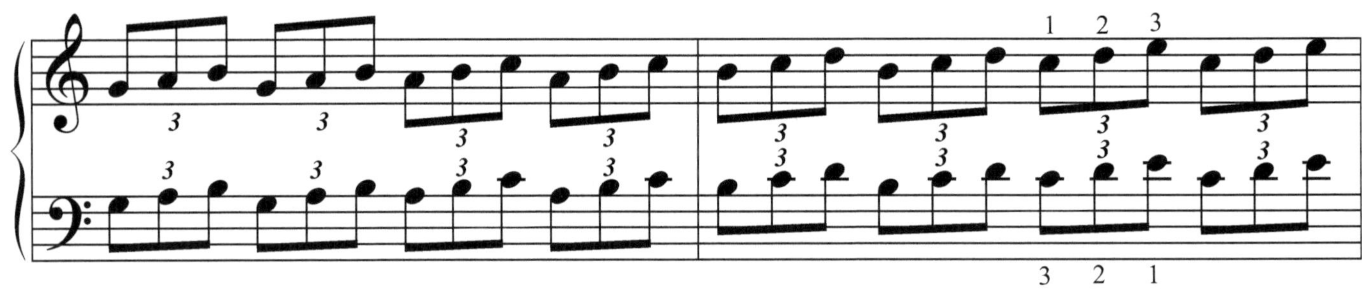

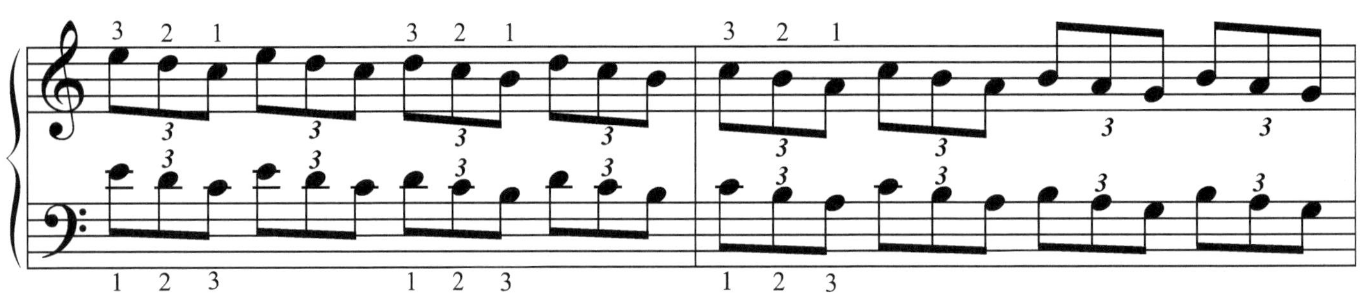

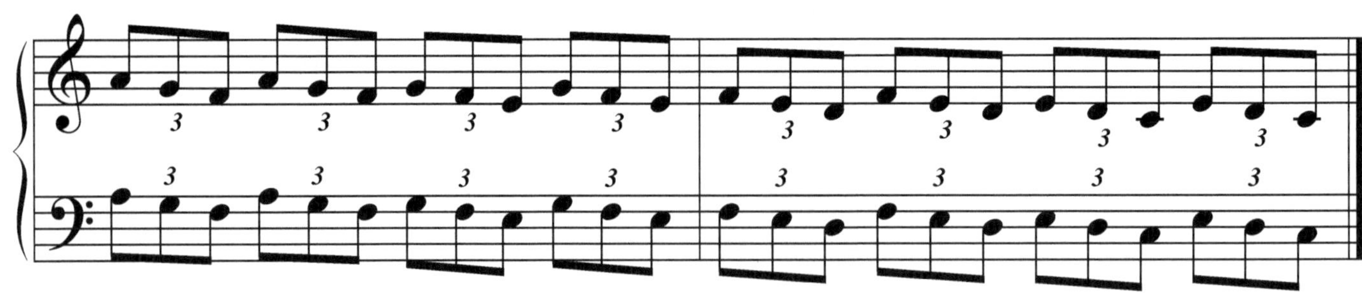

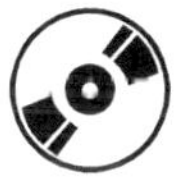

42. Flinke Finger

♩= 72 - 108

Fingerübung in A-Moll.

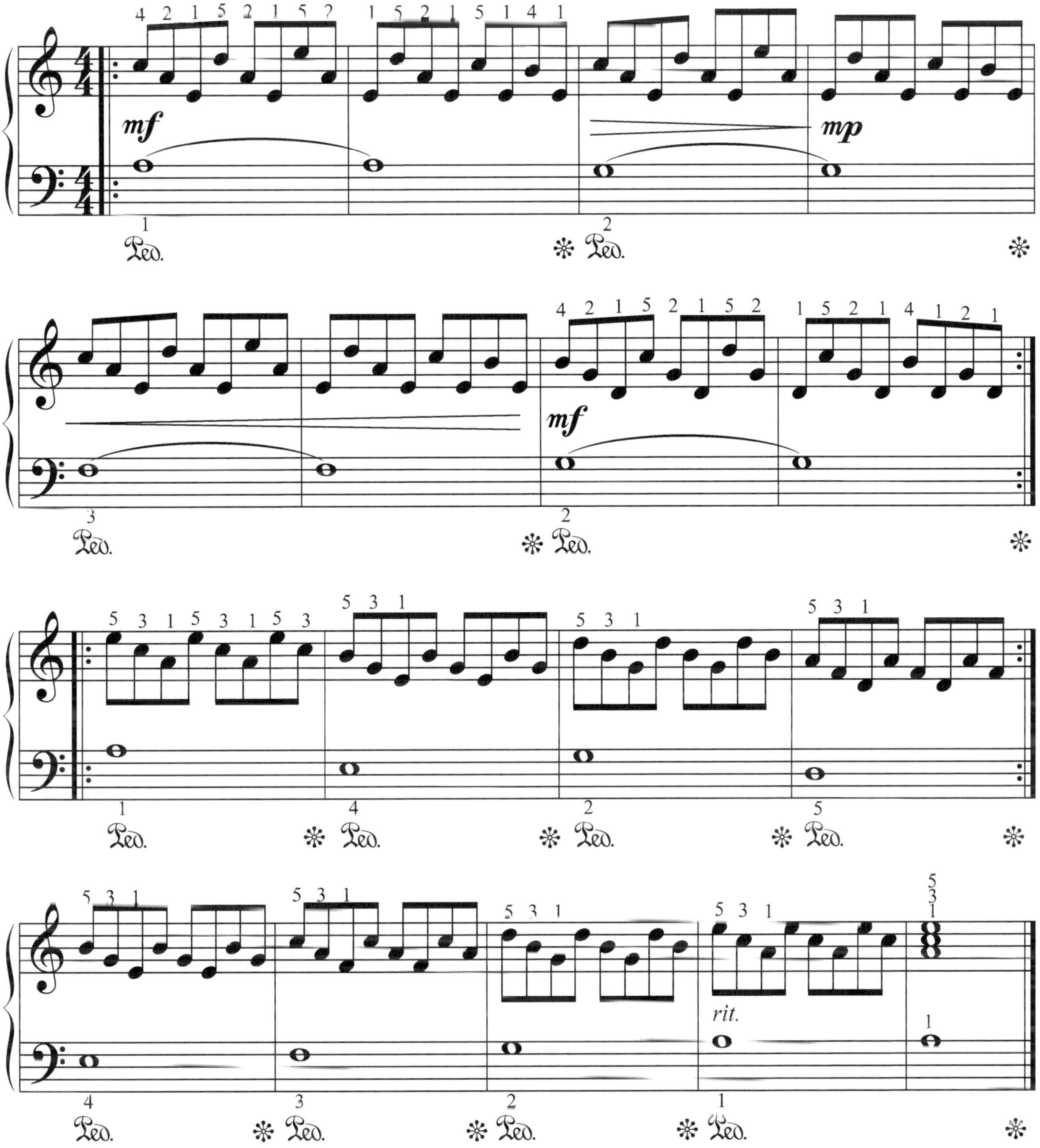

mf mp mf rit.

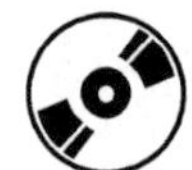

43. Übung mit Oktaven in der rechten Hand

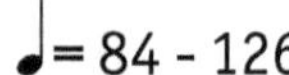

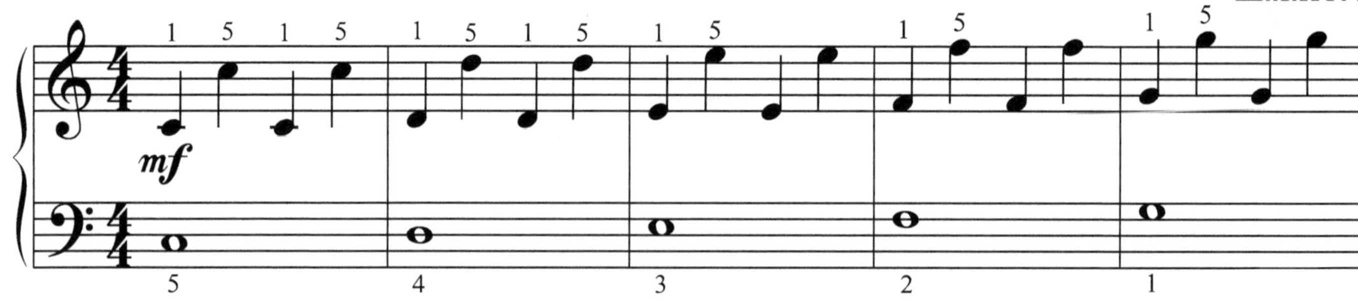

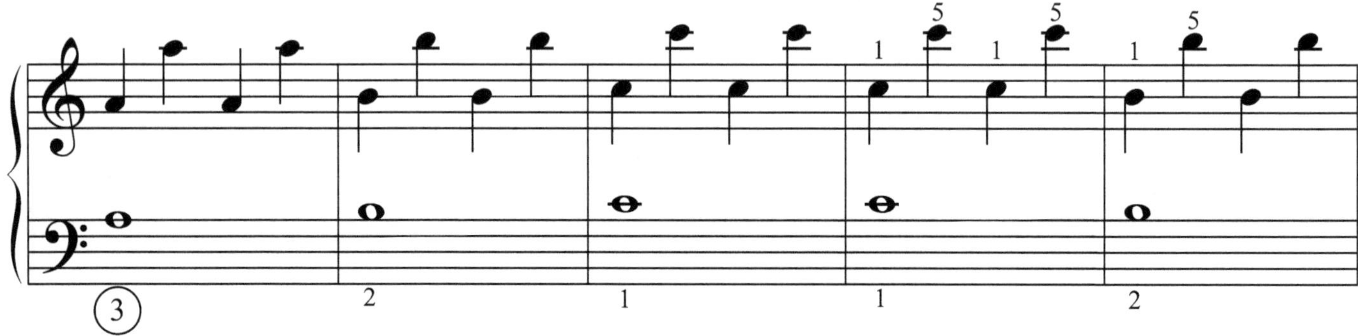

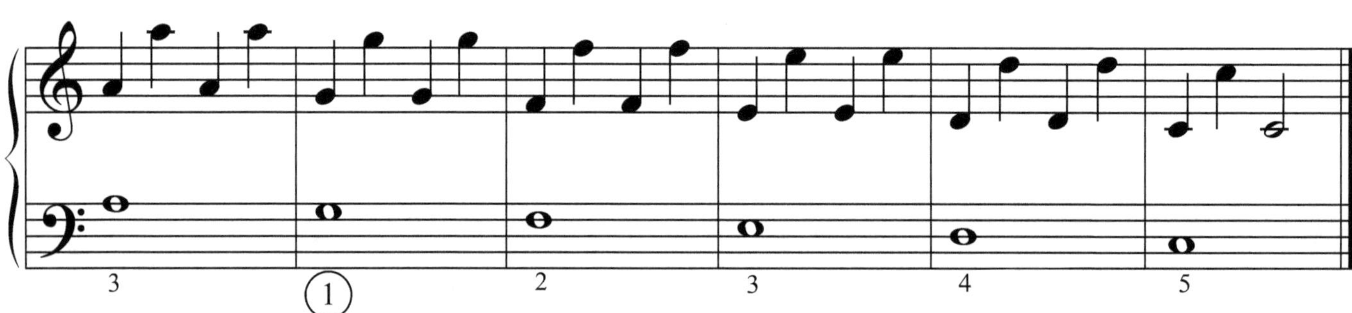

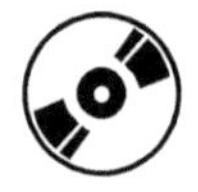

44. Übung mit Oktaven in der linken Hand

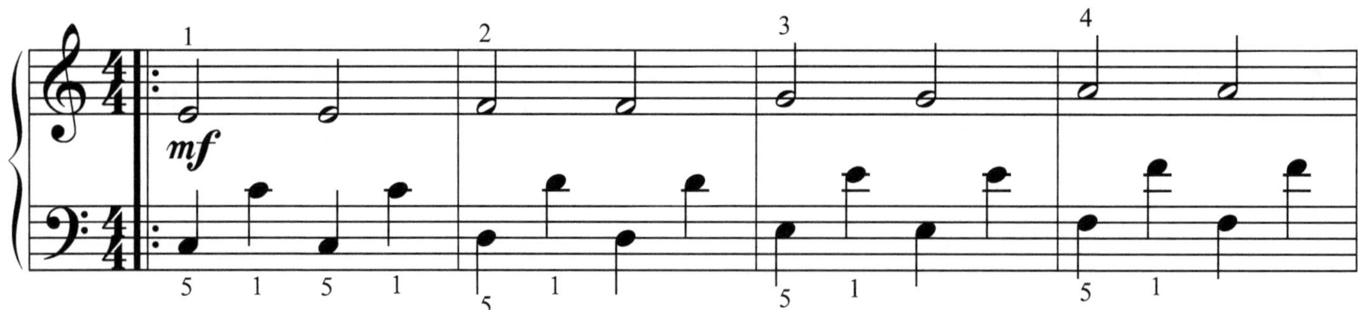

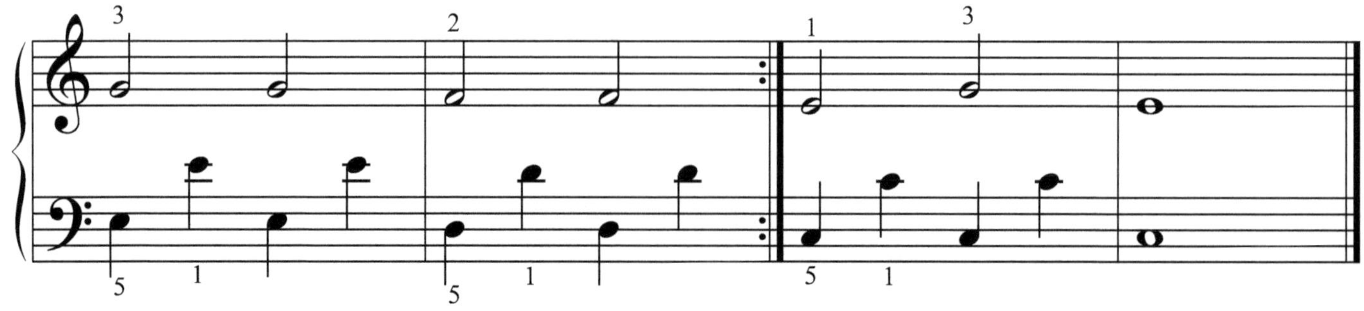

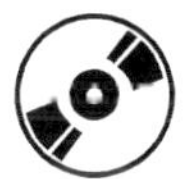

45. Geläufigkeit

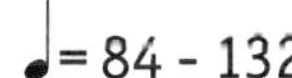

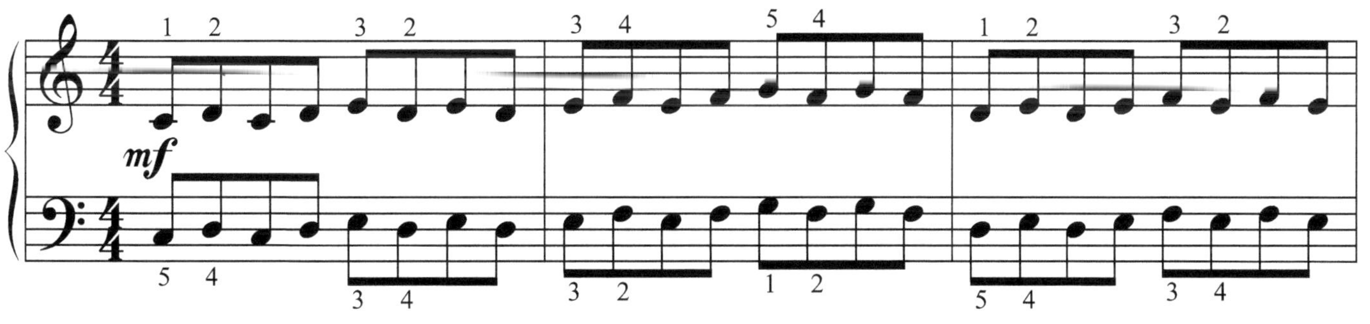

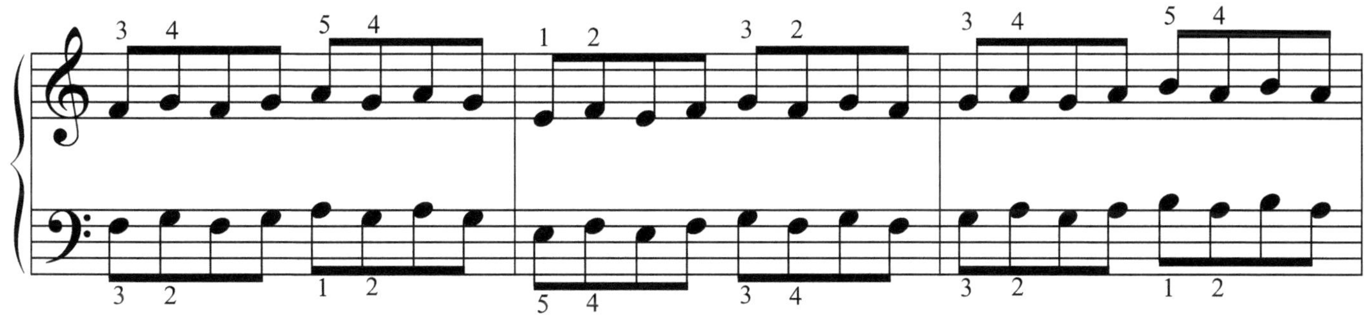

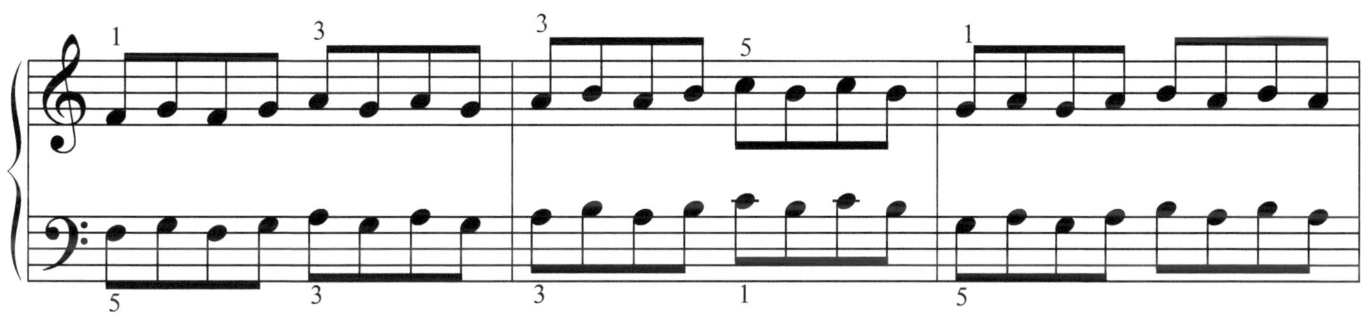

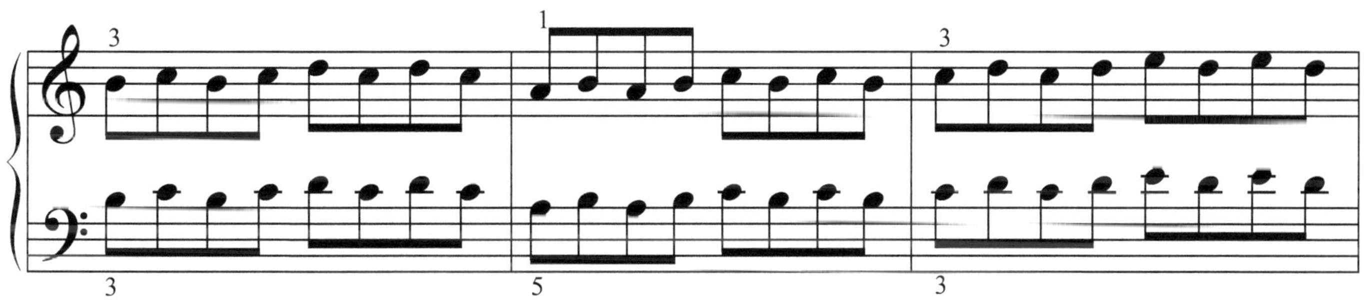

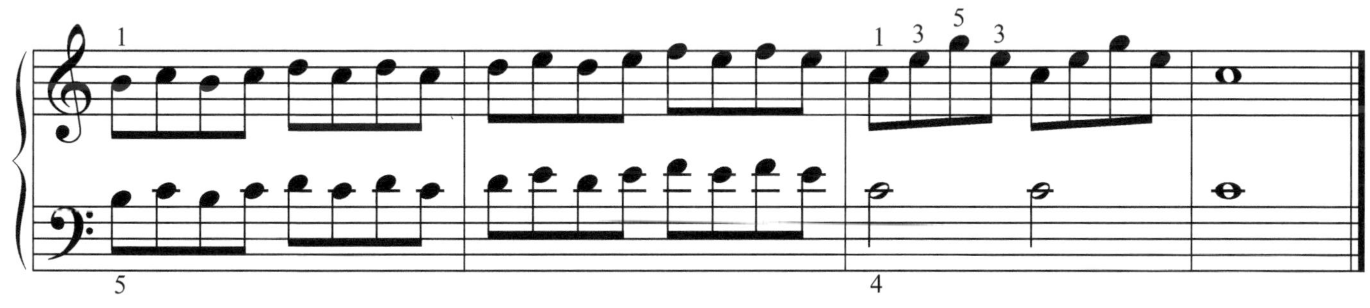

12. Auflage 11/25
ISBN 978 3 86642 109 7

Umschlagentwurf: Ron Marsman
Notensatz: Jens Rupp, Hans-Jörg Fischer
Layout: Regina Fischer-Kleist

Hergestellt in der EU
artist ahead GmbH · Germany · info@artist-ahead.de · www.artist-ahead.de